QU'EST-CE QUE L'INFORMATIQUE ?

COMITÉ ÉDITORIAL

CHEMINS PHILOSOPHIQUES

Collection dirigée par Roger POUIVET

Franck VARENNE

QU'EST-CE QUE L'INFORMATIQUE ?

Paris

LIBRAIRIE PHILOSOPHIQUE J. VRIN

6, place de la Sorbonne, V^e

2009

J. VON NEUMANN, *Théorie générérale et logique des automates*, trad. fr. J.-P. Auffrand
© Seyssel, Champ Vallon, 1996

B. JACK COPELAND, « Computation », dans *The Blackwell Guide to the Philosophy of Computing and Information*, L. Floridi (ed.)
© New York, Blackwell Publishing, 2004

© *Librairie Philosophique J. VRIN,* 2009
Imprimé en France
ISSN 1762-7184
ISBN 978-2-7116-2178-1

www.vrin.fr

QU'EST-CE QUE L'INFORMATIQUE?

«Nous avons eu un problème informatique». Qui n'a jamais été confronté à ce type d'argument lorsque tout un service bancaire est devenu, devant lui, subitement inopérant? Une telle justification est courte; mais sa concision en dit long. Cette phrase – quasi rituelle dans ce contexte – n'évoque pas même une panne, ce qui serait plus rassurant, mais un problème. Elle a notoirement pour fonction de nous laisser interdits car partagés entre l'impuissance et l'irritation.

L'informatique est ainsi souvent évoquée sous l'aspect d'une nébuleuse capricieuse dont on nous demande d'accepter tantôt les oracles, tantôt les humeurs imprévisibles. Comme toute technologie avancée, elle nous intimide quand elle apparaît comme un dispositif de pouvoir qui nous rappelle en même temps notre ignorance des processus qui le sous-tendent. Mais son éprouvante impénétrabilité est également due à d'autres facteurs qui lui sont plus spécifiques: son autonomie, sa faculté hors du commun de couplage avec des dispositifs techniques divers et, de fait, son insaisissabilité.

Ce caractère d'autonomie de l'informatique s'explique par le fait qu'elle s'est fondée dès le départ sur la mise en œuvre d'automates de calcul numérique (appelés « ordinateurs » en France à partir de 1955). Il en a résulté des effets « boîte noire » lorsque les ordinateurs se sont diffusés. Cette diffusion a été accentuée par leur faculté d'immixtion dans d'autres systèmes techniques. Cela tient au fait qu'ils manipulent non seulement des nombres mais tout type d'informations qui peut être codé et échangé sous forme numérique. À la différence des autres technologies, cette faculté de couplage de l'informatique avec ce qui n'est pas elle va très loin. Aussi, sommes-nous à peine surpris d'apprendre que nos machines à laver contiennent de véritables petits ordinateurs. Même si l'informatique se distingue dans son projet technique et idéologique de la cybernétique, la diffusion des ordinateurs profite du fait que ces machines traitent et transforment de petites énergies qui, à ce titre, peuvent valoir non seulement pour du codage d'information mais aussi pour des signaux de *contrôle* et de *commande* opérant sur d'autres types de machines.

Le caractère insaisissable de l'informatique provient donc de cette large diffusion, surtout lorsqu'elle prend la forme d'une délégation toujours plus large à la machine d'anciens dispositifs de contrôle. Mais de la mise en réseaux des machines résulte un effet plus radical encore : un effet de non-localité. Qui sait aujourd'hui où se trouve physiquement le serveur qu'il interroge lorsqu'il consulte son courriel ? L'informatique semble manifester une présence ubiquitaire tout autant qu'évanescente. Si l'informatique est partout, l'objet informatique semble introuvable.

Une autre difficulté se présente quand on entreprend de définir le terme : son caractère récent doublé d'une évolution sémantique contrastée. Il a été forgé en 1957 en Allemagne par l'ingénieur Karl Steinbuch (*Informatik*), repris en 1962 par Philippe Dreyfus (*informatique*) en France et par Walter

F. Bauer aux États-Unis (*informatics*). Dans l'esprit de ses créateurs, il associe la notion d'information à celle d'automatique. Il reprend le suffixe d'origine grec « -tique » servant traditionnellement à créer des noms d'arts, de techniques ou de sciences. Mais les anglophones utiliseront longtemps *computer science* : le terme « *informatics* » ayant été utilisé par Bauer pour le nom de sa société jusqu'en 1985. Alors que, pendant 35 ans environ, le terme français ne pourra guère désigner autre chose finalement que ce que désigne *computer science*, quand le terme *informatics* finit par se développer aux États-Unis (du fait de sa retombée dans le domaine public), c'est davantage pour désigner la conjonction entre la *computer science* et les technologies du traitement massif de l'information à l'heure d'internet, du calcul en grille (*grid computing*), mais aussi à l'heure où plusieurs disciplines scientifiques et techniques voient arriver des quantités considérables de données pour lesquelles aucun dispositif traditionnel de traitement systématique ne paraît approprié. D'où les déclinaisons de formations et de cursus que proposent à partir des années 2000 les universités anglo-saxonnes : *bioinformatics*, *health informatics*, *chemical informatics*…

Autant dire qu'il y a de gros obstacles au projet de répondre à la question « qu'est-ce que l'informatique ? ». Si « informatique » n'est pas un terme qui dénote quelque chose de manière stable, s'il n'est pas même un adjectif qui puisse qualifier un objet identifiable, l'informatique semble n'en être pas moins une technologie. Une chose est sûre : c'est une technologie énigmatique qui interroge spécifiquement la philosophie. On ne conçoit pas en effet que paraisse un ouvrage philosophique introductif portant un titre du genre « qu'est-ce qu'un moteur à explosion ? » ou « qu'est-ce qu'une machine thermique ? » bien que ces technologies aient pu servir de métaphores dans l'histoire de la philosophie. Les domaines de la philosophie concernés par la question de la nature même de l'informatique sont en effet multiples[1]. Ce sont, de manière directe, la philosophie de l'information, la philosophie de la connaissance, la philosophie des sciences et la philosophie de l'esprit. De manière dérivée, ce sont la philosophie des sciences cognitives, l'épistémologie des simulations et des modèles comme encore l'épistémologie de la biologie.

Si une machine est un outil transformant la nature d'un mouvement ou d'une énergie, une technologie est une manière méthodique, systématique et intégrée de former, contraindre et préparer les matériaux, les énergies ou les signaux intervenant dans des machines, que ce soit au titre d'éléments transformateurs ou d'éléments transformés. L'informatique, à cet égard, est une technologie à énergies faibles. Dans l'électronique déjà, un signal commande les modifications d'un autre signal : elle traite des signaux. Mais l'ordinateur traite de l'information. Le signal électronique y devient numérique pour que ce soit sa structure et non plus sa matière qui soit traitée de manière reproductible et fiable[2]. Cette information

---

1. T.W. Bynum et J.H. Moor, « How computers are changing philosophy », dans T.W. Bynum et J.H. Moor, *The Digital Phenix*, Oxford, Blackwell Publishers, 1998, 2000 (revised edition), p. 1-14.

2. Voir T. Colburn, « Methodology of Computer Science », dans L. Floridi (ed.), *The Blackwell Guide to the Philosophy of Computing and Information*, New York, Blackwell, 2004, p. 318 : « L'informatique est une science concernée par l'étude de processus computationnels. Un processus computationnel se distingue, disons, d'un processus chimique ou électrique, en ce qu'il est étudié "par des voies qui ignorent sa nature physique" (M. Hailperin, B. Kaiser et K. Knight, *Concrete Abstractions : An Introduction to Computer Science*, CA, Pacific Grove, 1999, p. 3)». Cela a amené Putnam à la thèse fonctionnaliste en philosophie de l'esprit : « L'organisation fonctionnelle (résolution de pro-

prend la forme d'un signal discret et structuré selon une série d'impulsions électriques codées, par exemple, par des 0 et des 1. Le signal y change de nature dès lors qu'il peut être vu comme une séquence de symboles à laquelle il est possible (mais non nécessaire [1]) d'attacher un sens ou une connaissance.

INFORMATIQUE, INFORMATION ET MACHINE

Une pléthore de candidates au statut de définition

Ainsi, en première approche, peut-on proposer de définir l'informatique comme la «technologie de l'information». Mais cette caractérisation est trop lâche car elle peut servir aussi à désigner les technologies de l'information et de la communication (TIC). Or, ces dernières peuvent se passer d'ordinateur en se contentant – s'il s'agit par exemple d'une transmission d'images sous forme numérique – de la mise en série de capteurs, de convertisseurs de signaux, puis de dispositifs de visualisation.

Ce qui distingue l'informatique des TIC au sens large tient à l'intervention d'un traitement automatique de l'information.

---

blèmes, pensée) de l'être humain ou de la machine [de Turing] peut être décrite en termes de suites d'états respectivement mentaux ou logiques (et des verbalisations qui les accompagnent) sans référence à la nature de la "réalisation physique" de ces états», dans «Minds and Machines», S. Hook (ed.), *Dimensions of Mind*, New York UP, 1960; réimp. dans A.R. Anderson (ed.), *Minds and Machines*, Englewood Cliffs, Prentice-Hall, 1964; trad. fr. «Pensée et Machine», *Pensée et Machine*, Seyssel, Champ Vallon, 1983, p. 121.

1. D'après J. Arsac (*Les machines à penser*, Paris, Seuil, 1987, p. 44), l'information que manipule l'informatique est un «texte» qui n'est que «susceptible d'apporter une connaissance».

L'informatique serait alors « une science » ou « une techno-logie du traitement automatique de l'information ». Certains pédagogues considèrent cependant qu'un enfant qui n'a pas d'ordinateur à sa disposition mais applique un algorithme de calcul arithmétique fait déjà, en quelque sorte, de l'informa-tique. L'idée nouvelle serait ici celle de traitement automa-tique rendu possible par la mise à disposition d'un algorithme. Mais on doit objecter à cet ajout doublé d'une nouvelle générali-sation (l'informatique sans ordinateur) que le terme informa-tique finirait par désigner toutes les techniques ou routines de calcul ainsi que certains arts de la mémoire. Ce qui ne paraît pas raisonnable ni pertinent sauf à vouloir abonder un peu vite dans le sens d'une Théorie Unifiée de l'Information (TUI). Or, comme l'a montré Luciano Floridi, la TUI est toujours en quête – jusque là sans succès – d'un concept d'information qui serait à la fois fondamental et valable au-delà même de l'informa-tique [1]. D'une part, l'ordinateur rompt la continuité de ces visions unitaires et donne à concevoir une délégation des routines intellectuelles non seulement dans leur dimension d'ordonnancement et dans leurs modes d'inscription des sym-boles mais dans leur traitement algorithmique de ces symboles : ce qui est systématique, puis délégué et automatiquement réalisé, c'est la transformation et le traitement algorithmique des symboles lui-même et pas seulement le pouvoir combina-toire et de rappel mnésique des structures de symboles. D'autre part, la notion même de procédé mécanique de calcul ou algorithme n'est pas définie de manière consensuelle : elle reste intuitive. Et la question demeure débattue de savoir si tout procédé de traitement de l'information (éventuellement

1. Voir L. Floridi, « Information », dans L. Floridi (ed.), *op. cit.*, p. 40.

effectué par un être humain) peut être traduit dans le type d'algorithme pris en charge par les ordinateurs actuellement existants[1].

Si donc l'ordinateur se révèle si important pour l'informatique, pourquoi ne pas la définir comme « science des ordinateurs » ? Le célèbre informaticien Edsger Dijkstra rappelait cependant que l'informatique n'était pas plus la science des ordinateurs que l'astronomie n'était la science des télescopes. Cela signifie que l'informatique n'est pas plus la science du fonctionnement d'un type de machine matérielle-ment réalisé (l'ordinateur) qu'elle n'est la science du traitement automatique purement formel et abstrait de l'information.

Avec ce jeu de balancements entre propositions de définition, on commence à entrevoir une des difficultés fonda-mentales de la définition de l'informatique et qui, assez logi-quement, n'a pas manqué de susciter des débats à la frontière de considérations techniques et épistémologiques (ainsi en est-il, significativement, du débat sur la vérification formelle des programmes sur lequel je reviendrai) : l'ordinateur est une machine qu'on peut dire mi-matérielle, mi-formelle, ou encore mi-concrète, mi-abstraite.

Pour mettre tout le monde d'accord, on pourrait alors définir l'informatique comme « la science du traitement auto-matique de l'information effectué par machine ». Même alors certains insisteraient sur le fait que cette machine doit être conçue comme une machine abstraite, au sens même où Turing l'entendait. Selon eux, le terme de machine ne devrait pas nous abuser et nous conduire à penser que l'informatique

---

1. Voir, en annexe, le texte de B.J. Copeland sur la thèse de Church-Turing et mon commentaire.

impose une réalisation matérielle. Ce faisant, ils pourraient nous faire oublier que la machine de Turing a été conçue comme une machine abstraite particulière, car simulant une pratique concrète déjà réalisée par ailleurs sous la forme de la pratique humaine (dite effective) de calcul pas à pas[1]. Au fondement de l'informatique donc, le bouclage et la simulation réciproque entre une pratique abstraite et une pratique concrète sont à l'œuvre. Et c'est là que se trouve le germe de beaucoup d'ambiguïtés.

Le faux débat ressurgit – mais seulement déplacé – lorsqu'il s'agit de remarquer que l'informatique des débuts se réduit au calcul automatique de nombres alors que l'informatique plus récente s'étend au traitement automatique de l'information avec la conséquence qu'on aurait dépassé le paradigme de la computation. Si le constat est juste, la conclusion qui en est tirée est inexacte. Le fondement de l'ordinateur et donc de l'informatique demeure la notion de calcul et celles, associées, d'algorithme et de procédé mécanique. Ainsi les ouvrages spécialisés ne confondent-ils pas la philosophie de l'informatique et la philosophie de l'information même s'ils ont tendance à traiter l'une en lien avec l'autre. En revanche, la philosophie de l'informatique est à bon droit constamment et étroitement associée à la philosophie de la computation ou du calcul[2].

1. S. Bringsjord, « Computation, Among Other Things, is Beneath Us », *Minds and Machines*, 1995, 4, p. 469-488. Voir en particulier B.J. Copeland, « Computation », dans *The Blackwell Guide to the Philosophy of Computing and Information*, L. Floridi (ed.), New York, Blackwell Publishing, 2004, p. 7 : « La machine de Turing est une idéalisation d'un calculateur humain ».

2. Voir G. Chazal, *Le miroir automate – Introduction à une philosophie de l'informatique*, Seyssel, Champ-Vallon, 1995 ; T.W. Bynum et J. H. Morr (ed.), 1998, 2000, *op. cit.* ; L. Floridi (ed.), 2004, *op. cit.*

Une caractérisation minimale plutôt qu'une définition

À l'issue de ces analyses préalables, comment doit nous apparaître la meilleure stratégie de définition du terme informatique? Du fait même de l'évolutivité de l'extension de ce terme, il paraît nécessaire de s'en tenir à une caractérisation minimale sous la forme d'une condition nécessaire : quels sont les éléments et propriétés qu'il est nécessaire de trouver dans une technologie pour la qualifier d'informatique? Indépen-damment de la technologie conjointe et historiquement mise en œuvre (l'électronique), l'informatique se fonde sur le para-digme de la computation ou calcul mécanique pas à pas. Cette caractérisation est au cœur de ce qui rend nécessaire le passage au « traitement automatique de l'information par machine ». Elle dénote cette sous-partie des technologies de l'information qui impose la mise en œuvre d'un ordinateur.

L'existence de l'informatique est en effet inséparable d'une nécessité de passer des automates de calcul abstraits aux automates de calcul concrets. Elle résulte de la nécessité de développer des calculateurs concrets non plus analogiques mais numériques[1]. Je renvoie au texte de von Neumann et au commentaire pour l'exposé des raisons plus techniques. La conjonction entre la pertinence – pour la calculabilité effective – des automates de calcul abstraits de Turing (proposant essen-tiellement au départ une nouvelle version des résultats d'indé-cidabilité[2]) et la nécessité ressentie par von Neumann (et tra-duite dans une structure d'automate de calcul programmable)

---

1. Voir J. Ramunni, *La physique du calcul – Histoire de l'ordinateur*, Paris, Hachette, 1989, p. 69-70.

2. Voir J.-Y. Girard, « La machine de Turing : de la calculabilité à la complexité », dans *La machine de Turing*, A. Turing et J.-Y. Girard, Paris, Seuil, 1995, p. 37.

de discrétiser les calculs scientifiques fonde l'informatique comme technologie nécessaire. La théorie de l'information elle-même arrive de manière seconde pour modéliser le fonctionnement d'un vaste réseau d'automates de calcul numérique. L'informatique ne se fonde donc pas sur une théorie de l'information préalable, fut-elle mathématique. À peine se fonde-t-elle – en dehors de cette branche particulière qu'est l'informatique théorique – sur une théorie des automates [1].

Machine de Turing universelle et programme enregistré

L'informatique est donc *a minima* une technologie de traitement automatique de l'information par machines à procédé de calcul mécanique. Ce procédé mécanique est représenté – d'abord sur le papier – par l'automate de calcul dit machine de Turing. Cet automate simple mais abstrait a pour fonction de rendre plus explicites et plus rigoureuses les notions informelles de calcul et d'algorithme [2].

La machine de Turing est le schéma d'un dispositif matériel idéalisé de traitement séquentiel programmé de données – et donc de calcul ou opération sur des symboles pas à pas – tel qu'il est effectuable par un homme. Elle consiste en deux éléments principaux : 1) une machine représentée par une tête de lecture/écriture susceptible de se trouver dans un nombre fini d'états, 2) une bande (magnétique par exemple) de longueur infinie (au moins sur un de ses deux côtés) devant laquelle se

1. Voir J. von Neumann, « The general and Logical Theory of Automata », 1948 ; trad. fr. *Théorie générale et logique des automates*, Seyssel, Champ Vallon, 1996, p. 82-83.
2. Voir J. Lassègue, *Turing*, Paris, Les Belles Lettres, 1998, p. 58-60. Gödel reconnaîtra lui-même cet apport de Turing : voir E. Nagel, J.R. Newman, K. Gödel et J.-Y. Girard, *Le théorème de Gödel*, Paris, Seuil, 1989, p. 142.

meut la tête de lecture et qui alimente en données cette machine. La bande est constituée d'une série de cases pouvant contenir des symboles appartenant à un ensemble fini de symboles. Ces symboles peuvent être des "0" et des "1" mais aussi des symboles de séparation indiquant par exemple le début ("d") ou la fin ("f") de l'écriture des arguments de la fonction à calculer. La bande a plusieurs fonctions qui peuvent être assurées successivement sans dommage, comme le montre Turing. Si, au début, elle contient les arguments de la fonction à calculer, au cours du calcul, elle peut servir de lieu de mémorisation temporaire de résultats intermédiaires. À la fin, c'est sur elle qu'on lit le résultat. Le calcul proprement dit s'effectue grâce aux actions successives de la tête de lecture/écriture. Elle agit à chaque top d'horloge en fonction de son état et du symbole qui est présent en face d'elle (l'ensemble formant sa configuration) : réécriture ou non d'un symbole, déplacement d'au plus une case à gauche ou à droite, ou encore arrêt de la machine. Les états internes de la tête de lecture et les types de symboles lisibles sur la bande étant en nombre fini, les instructions qui commandent l'action de la tête de lecture sont elles aussi en nombre fini. Turing montre qu'une partie de la bande peut contenir la description de la table d'actions élémentaires d'une autre machine de Turing : une machine peut en simuler une autre.

C'est grâce à cette construction schématique – restant en partie abstraite – que Turing peut démontrer 1) qu'il existe des machines de Turing dites universelles capables d'imiter toute autre machine de Turing, 2) que tous les nombres réels ne sont pas calculables – au sens précis donné par là au terme de calcul ou procédure effective – car ils ne sont pas tous calculables par une machine de Turing universelle.

Pour que l'informatique entre en scène, c'est-à-dire pour que la machine de Turing universelle devienne plus concrète, il faut certes que la bande ne soit plus infinie, mais il faut surtout qu'on ait affaire à une technologie qui autorise concrètement que le stockage du programme ne dépende pas de la structure d'un câblage particulier[1]. Dès lors les instructions sont explicitement mises en mémoire et sont comme telles modifiables. De plus, elles sont homogènes aux données et on a bien une machine qui traite automatiquement de l'information par de l'information. L'informatique se présente alors plus précisément comme une *technologie de traitement automatique de l'information par machines à procédé de calcul mécanique et recourant à des programmes enregistrés.*

L'information comme syntaxe et l'information comme contenu sémantique

Si donc l'ordinateur est une machine qui opère sur des symboles ayant chaque fois une manifestation matérielle, il est un terme qui peut encore gêner dans cette caractérisation : c'est celui d'information. Comment définir la notion d'information qui intervient dans cette caractérisation ? L'information, comme le sens, n'est-elle pas présente seulement dans l'esprit de l'observateur ou de l'utilisateur ? Arsac n'hésite pas à refuser tout aspect sémantique aux séquences de symboles traitées par l'ordinateur[2] : l'information à laquelle a accès un ordinateur n'est que la forme de séquences de symboles. Elle ne contient pas en elle-même de sens ; elle est seulement un

---

1. J. von Neumann, *First draft of a Report on the EDVAC*, United States Army Ordnance Department, 1945, p. 2.

2. J. Arsac, *op. cit.*, p. 226.

déclencheur du sens qui, lui, est censé être dans la tête. Ainsi, l'échec relatif de la traduction automatique serait dû au fait que l'ordinateur n'a accès qu'à la forme des textes et que la forme n'implique pas le sens. La réflexion sur l'informatique mène souvent, en première analyse, à une telle distinction tranchée entre la forme d'une séquence de symboles, sa syntaxe, et le sens qu'un être humain (informé) lui confère.

Ce sont les discussions sur la possibilité de construire une intelligence artificielle (IA) au moyen d'ordinateurs qui conduisent à considérer plus en détail la nature de l'information traitée par l'informatique ainsi que la nature du lien entre sens et information. Les spécialistes en IA reconnaissent en général l'intérêt du test dit de Turing[1] : on peut considérer qu'on a une machine informatique dotée d'une intelligence artificielle quand il est possible de mettre au défi un opérateur humain de déterminer – en aveugle – si le type d'opération qu'elle effectue est le fait d'un homme ou d'une machine. Pour montrer les limites de ce test, et pour réagir aux thèses fonctionnalistes, Searle a développé l'argument de la chambre chinoise[2] : on peut imaginer je suis dans une chambre fermée et que je suis en contact avec un chinois qui me parle à travers un programme d'ordinateur. Ce programme d'ordinateur a passé le test de Turing pour la compréhension du chinois : il a été conçu pour donner des réponses en chinois à la fois syntaxiquement correctes et cohérentes à l'ensemble des

1. Ce test vient d'une lecture vulgarisée – quelque peu réductrice – du célèbre article de Turing, « Computing Machinery and Intelligence », *Mind*, vol. LIX, 1950, n° 236, p. 433-460 ; trad. fr. « Les ordinateurs et l'intelligence », dans A.R. Anderson (ed.), *op. cit.*, p. 39-67.

2. J. Searle, « Minds, Brains and Programs », *Behavioral and Brain Sciences*, 1980, 3, p. 417-424.

questions posées en chinois. Supposons que je dispose de ce programme, que je me substitue à l'unité de contrôle central d'un ordinateur et que j'entre en dialogue par ce biais avec l'interlocuteur chinois qui se trouve hors de la chambre. J'aurais alors passé aussi avec succès le test de Turing pour la compréhension du chinois alors que je n'aurais accompli que des gestes mécaniques commandés par le programme, sans rien avoir compris du contenu des phrases échangées.

L'argument de Searle ne vise pas à montrer qu'il est impossible de simuler par ordinateur une pratique cognitive comme la compréhension du chinois. Il vise à montrer que même alors la notion de compréhension demeure pertinente dans la mesure où toute compréhension paraît manifestement absente d'un ordinateur, puisqu'absente même d'un dispositif humain qui simulerait en retour – et comme de l'intérieur – le fonctionnement d'un tel ordinateur. Selon Searle, cela tient au caractère purement syntaxique de tout programme informatique : « Comme le programme est purement formel ou syntaxique, et comme les esprits ont des contenus mentaux ou sémantiques, toute tentative visant à produire un esprit à l'aide uniquement de programmes d'ordinateur laisse de côté les caractéristiques essentielles de l'esprit »[1]. En 1992, Searle approfondit sa critique en faisant remarquer que la syntaxe n'est pas intrinsèque aux entités que manipule un ordinateur, alors que toute autre machine se définit en référence à des propriétés physiques intrinsèques, c'est-à-dire propres à certains de ses composants : « des notions telles que calcul, algorithme et programme ne nomment pas des propriétés

---

1. J. Searle, *The Rediscovery of Mind*, Cambridge, MIT Press, 1992 ; trad. fr. *La redécouverte de l'esprit*, Paris, Gallimard, 1995, p. 76.

physiques intrinsèques des systèmes » [1]. Les processus computationnels dépendent d'une interprétation extérieure à l'ordinateur. Ils sont *assignés à* la physique et non *découverts sur*
elle. L'identification d'un processus comme computationnel
(ou comme « calcul », *i.e.* ici manipulation syntaxique de
symboles) relève du point de vue d'un observateur. Alors que
l'argument de la chambre chinoise montrait que la sémantique
n'est pas intrinsèque à la syntaxe, ce nouvel argument montre,
plus fondamentalement, que la syntaxe n'est pas intrinsèque à
la physique.

De façon générale, le traitement de l'information ne paraît
pas être un processus fondé sur des propriétés intrinsèques.
C'est l'occasion pour Searle d'en revenir à l'idée que la
conscience et l'intentionnalité sont bien les caractéristiques
essentielles de l'esprit et qu'elles sont causées par des processus neurobiologiques qui ne sont pas intrinsèquement de
l'ordre d'un traitement de l'information (même s'il concède
qu'elles peuvent être simulées par un tel traitement).
Puisqu'ils ne sont pas ce qu'ils sont par eux-mêmes mais par
quelque chose d'autre qu'eux-mêmes, l'information ni son
traitement ne peuvent avoir de pouvoirs causaux : l'IA ne se
présente donc même pas comme une théorie explicative et
causale de l'intelligence.

Sur le cas des arguments de Searle, on voit qu'une
caractérisation de l'informatique insistant sur un traitement de
l'information supposé valoir à un niveau unique et purement
syntaxique permet la production de thèses philosophiques
générales au sujet 1) de la pertinence restreinte des modèles

---

1. J. Searle, 1995, *op. cit.*, p. 281.

computationnels de l'esprit et 2) du caractère strictement humain du sens.

Il est assez cohérent en revanche que ce soit dans une perspective de naturalisation de l'intentionnalité que l'on retrouve une notion d'information (applicable là aussi à l'informatique) davantage chargée en contenu sémantique et en pouvoir causal que chez Searle. Dans la lignée de la sémantique informationnelle de Dretske[1], le philosophe de l'informatique Floridi propose une définition générale de l'information comprise à la fois comme entité indépendante de l'esprit et comme contenu sémantique. Le terme information réfère selon lui à des « contenus sémantiques objectifs » : ils sont d'une part externes, c'est-à-dire non-mentaux, d'autre part, indépendants de l'informé, *i.e.* indépendants de l'usage qu'en fait un éventuel sujet humain informé[2]. Pour expliciter cette objectivité de l'information, Floridi précise qu'une information se compose de données (*data*). Un donné élémentaire *d* (*datum*) est défini non comme un signe, mais comme un *manque d'uniformité entre deux signes* ou, plus formellement :

$d = (x \neq y)$ où x et y sont deux variables non-interprétées.

Cette définition impose que tout *datum* a une *nature relationnelle*. Elle permet d'assurer la neutralité au sujet de la classification des *relata* dès lors que la relation d'inégalité est symétrique (*i.e.* x≠y est équivalent à y≠x). Ainsi la feuille de papier blanc sur laquelle apparaît un *datum* à l'occasion de l'écriture d'un point noir est-elle une partie constitutive du *datum* lui-même. Floridi affirme alors que « rien n'est un

---

1. F. Dretske, *Knowledge and the Flow of Information*, Cambridge, MIT Press, 1981.

2. L. Floridi, « Information », *op. cit.*, p. 42.

datum, en soi » et que « le fait d'être un *datum* est une propriété externe »[1]. Mais ce caractère extrinsèque concédé à la propriété d'être un *datum* n'a pas le même fondement que le caractère extrinsèque de la syntaxe informationnelle chez Searle. La définition de Floridi nous empêche seulement d'identifier directement le *datum* soit à la feuille blanche soit au point noir qui s'y trouve. Les données sont des entités relationnelles certes, mais à fondement physique. Comme telles, elles sont des possibilités d'agir – ou affordances – contraignantes. Elles sont exploitables de manière causale par des systèmes de traitement de données. Elles sont autant d'entrées pour « des requêtes adéquates qui les sémantisent correctement de manière à produire de l'information en sortie »[2]. L'information est donc un contenu sémantique, pour Floridi, dans la mesure où y sont toujours associées au moins des données et des requêtes menant à des traitements qui maintiennent ou confèrent une signification. Floridi fournit alors une définition générale de l'information (GDI) :

> GDI : S est une instance d'information, comprise comme contenu sémantique objectif, ssi
> GDI 1) S consiste en n données d, pour $n > $ ou $= 1$
> GDI 2) les données sont bien formées
> GDI 3) les données sont porteuses de sens

Floridi ne prétend pas expliquer par là *comment* les données peuvent se voir effectivement assigner une signification au départ. Mais il fournit un argument en faveur de la neutralité génétique de l'information : une séquence d'information peut avoir un contenu sémantique indépendamment de

---

1. L. Floridi, « Information », *op. cit.*, p. 43.
2. *Ibid.*, p. 43.

tout informé. Avant que nous ne découvrions la Pierre de
Rosette, par exemple, les hiéroglyphes étaient déjà considérés
comme de l'information. La sémantique de cette information
portée par les hiéroglyphes n'a pas été affectée par l'absence
d'informés pendant des millénaires. On peut reconnaître qu'il
y a de la signification sans qu'elle nous soit accessible. La
signification, considère Floridi, n'est pas (ou pas seulement)
dans la tête de l'informé. Il n'assume pas néanmoins la thèse
extrême de Dretske selon laquelle les données peuvent être de
l'information non seulement sans la présence d'informé mais
aussi sans qu'elles aient été produites par un être intelligent
(Dretske considère pour sa part qu'il existe une information
environnementale comme celle donnée par les cernes des
arbres, par exemple).

On voit tout l'intérêt qu'il y a à rephysicaliser
l'information contre ceux qui la rendent purement relative à un
observateur humain et à son interprétation : la délégation
collective, à une machine, de la pensée conçue comme traitement de l'information objective peut sembler s'expliquer.
Mais si une telle philosophie présente un intérêt pour les
technologies de l'information en général[1], du strict point de
vue d'une réflexion sur l'informatique et sur son apport comme
instrument épistémique spécifique, sa moisson reste modeste.
Floridi en effet développe son concept d'information appliqué
à l'informatique en recourant ensuite directement à la notion
d'information factuelle, à savoir cette information sémantique
qui dit directement à l'informé quelque chose au sujet de

1. Comme en témoignent les autres travaux de Floridi dans lesquels il se
concentre sur l'internet et le traitement des bases de données : L. Floridi,
Philosophy and Computing : An introduction, London, Routledge, 1999,
chap. 3 et 4 ; *Internet*, Paris, Flammarion, 2002.

quelque chose d'autre. Or, comme l'information factuelle possède une nature déclarative, elle peut être interprétée en termes de la logique classique des prédicats. À ce titre, elle peut porter des valeurs de vérité. Floridi réitère alors un dualisme du type de celui que sa thèse au sujet de la neutralité génétique de l'information a permis d'évacuer : s'il y a une information factuelle, elle ne peut être que vraie ; le reste n'est pas de l'information. Car une fausse information factuelle ne peut avoir de contenu sémantique, donc elle n'est pas de l'information du tout. Corrélativement, la question de la valeur intrinsèque des objets informationnels peut alors être réinvestie, notamment dans le cadre d'une réflexion sur l'éthique de l'informatique (*computer ethics*) : si l'information possède une valeur intrinsèque il peut être moralement répréhensible de la détruire, etc.

FORMES ET SYMBOLES EN INFORMATIQUE

Même si elle présente l'intérêt séduisant de rencontrer la question de la vérité et si, de surcroît, elle retrouve les argumentations classiques de l'épistémologie anglo-saxonne du XXᵉ siècle fondée principalement sur les modes propositionnels de la connaissance[1], une telle approche possède une granularité conceptuelle trop grossière pour aborder ce que l'informatique apporte par ailleurs du fait de ses traitements complexes des systèmes de symboles. En définissant l'unité élémentaire de l'information traitée par un ordinateur en termes abstraitement et immédiatement différentiels (« une

1. S. Luper, *Essential Knowledge*, New York, Pearson, 2004, « General introduction », p. 1.

différence qui fait la différence» suivant l'expression de Bateson), la philosophie de l'informatique se retrouve certes directement en terrains connus : la philosophie de la logique et des mathématiques. Mais elle se voit par là contrainte de philosopher sur des syntaxes définies et des formalismes uniformes qui ne sont que des modélisations particulières de certains types de traitement de symboles (ainsi même la théorie mathématique de l'information de Shannon). Les discours généraux sur l'information s'appuient de ce fait souvent sur des morceaux de mathématiques de l'information ne reflétant que de manière partielle la richesse de l'informatique. Même si Floridi ne tombe pas lui-même dans ce travers, beaucoup de philosophies de l'informatique courent le risque de se réduire à des philosophies de certaines mathématiques de l'information.

Or, s'il est une question ouverte et débattue au sujet de l'informatique, c'est bien celle de savoir si l'informatique est une branche de la logique, des mathématiques, ou autre chose encore[1]. Je soutiendrai ici l'idée qu'elle n'est pas qu'une branche des mathématiques, fût-elle celle des mathématiques de l'information. Pour cela, au lieu de se focaliser sur la nature relationnelle de l'élément d'information, il convient de remettre au premier plan le rôle des symboles – et donc, comme on le verra, des niveaux de symboles – dans le fonctionnement de l'ordinateur et dans les usages qu'on en fait. Si l'on observe à nouveau le schéma de la machine de Turing, l'élément auquel a affaire un ordinateur dans un calcul n'est pas seulement un *datum* mais *quelque chose qui est mis à la*

---

1. T. Colburn, *Philosophy and Computer Science*, New York, M.E. Sharpe, 2000, chap. 9 ; T. Colburn, « Methodology of Computer Science », dans L. Floridi (ed), *op. cit.*, p. 318-326 ; T. Colburn et G. Shute, « Abstraction in Computer Science », *Minds and Machines*, 2007, 17, 2, p. 169-184.

place d'autre chose, c'est-à-dire un symbole au sens le plus large. La notion de symbole, du fait qu'elle remet à l'honneur un pouvoir référentiel – certes éventuellement problématique et divers – dans le processus de traitement, convient à la caractérisation minimale de l'informatique alors que celle de *datum* – parce que déjà pensée à partir d'un système de symboles tout fait, ne se définissant que par une structure unique et valant à un seul niveau de différences formelles – ne peut qu'indirectement et de manière réductrice (bien que pas toujours erronée) être rapportée à cette caractérisation.

L'informatique comme compression de données

Il est une approche de l'informatique qui rejette également le dualisme de Searle mais qui peut sembler éviter le risque d'une réduction à une philosophie d'un formalisme mathématique. C'est celle qui prolonge le matérialisme rationnel hérité de Bachelard. Les symboles en général, comme les machines de traitement de données en particulier, y sont vus comme des instruments épistémiques servant à compresser les données. Ce faisant, les machines ne se limitent pas à réitérer les données, comme un inductivisme naïf pourrait le concevoir, mais elles les transfigurent pour un pouvoir rationnel qui les conçoit et les reçoit sous ces nouvelles formes. Ainsi, F. Dagognet soutient l'idée que les symbolismes en science servent à extérioriser, matérialiser et étendre le pouvoir rationnel de connaître[1]. Je n'examinerai pas ici dans le détail sa conception de l'informatique[2] car elle n'est pas fondamen-

---

1. Notamment depuis *Tableaux et langages de la chimie*, Paris, Seuil, 1969; *Écriture et iconographie*, Paris, Vrin, 1973.

2. *Mémoire pour l'avenir – Vers une méthodologie de l'informatique*, Paris, Vrin, 1979. Elle n'est pas une spécificité de la philosophie française.

talement distincte de celle qu'il propose pour les autres systèmes de symboles. Elle entre dans un argument d'ensemble et
vient confirmer une thèse générale au sujet des pouvoirs, des
formes, des instruments et des moyens de la raison.

D. Parrochia, en revanche, donne d'entrée de jeu un rôle
spécifique à l'information[1]. Il réagit explicitement aux propositions de Dretske en notant que ce dernier a renoncé à
l'idée d'une quantification précise de l'information à cause de
l'impossibilité de connaître, pour un événement quelconque,
les probabilités associées aux alternatives à cet événement
ainsi que leurs probabilités conditionnelles. Animé lui aussi
par l'idée rationaliste que l'informatique prolonge le pouvoir
qu'a la raison de compresser les données et par l'hypothèse
complémentaire que nous vivons dans un univers informa-
tionnel, tant du point de vue physique que cognitif, Parrochia
considère qu'il demeure possible, de fournir des modèles
quantitatifs (mathématiques) locaux de l'information puis
de chercher ensuite s'il en est des invariants. Le propos de
Parrochia est ambitieux et relève d'une métaphysique générale
de l'information. En s'appuyant sur les résultats de Bennett[2]
selon lesquels ce qui crée de l'entropie dans un appareil informatique n'est pas le recueil et le stockage d'une information mais au contraire son déstockage (l'effacement d'une
mémoire), il entend corriger les errements de l'idéalisme

J. Barwise, par exemple, est arrivé à des positions similaires dans ses travaux
de philosophie de l'informatique liés à une épistémologie de la logique. Voir
J. Barwise et J. Etchemendy, «Computers, Visualization, and the Nature of
Reasoning», dans T.W. Bynum et J.H. Moor, *op. cit.*, p. 93-116.

1. D. Parrochia, *Cosmologie de l'information*, Paris, Hermès, 1994, p. 59.

2. C.H. Bennett, «The Thermodynamics of Computation – a Review»,
International Journal of Theoretical Physics, 21 (12), 1982, p. 905-940.

des premières interprétations de l'équivalence entre entropie et information tout en conservant une conception cosmologique de l'information. C'est dans le cadre d'une « physique de la connaissance » que l'informatique est pensée comme un instrument de compression de données par excellence, car, de surcroît, ne violant pas frontalement les lois de la thermodynamique. Cette thèse mène à une naturalisation de l'informatique. Elle permet, en dernière analyse, d'évacuer radicalement la tension entre sens et forme, mais elle évacue aussi le sujet cognitif lui-même, sinon conçu comme instance inviolable et première donatrice de sens (comme encore chez Searle ou même, en filigrane, chez Floridi). Cette évacuation est possible car les choses, les signes et leurs sens deviennent des produits dérivés – et mutuellement corrélés – de l'histoire informationnelle de l'ensemble de l'univers physique[1].

Enchevêtrement des symboles et du sens

On peut le comprendre : si cette philosophie rationaliste et englobante de l'informatique peut paraître suggestive dans les ouvertures qu'elle propose et les rapprochements qu'elle effectue, de notre point de vue, elle élude encore nombre des apports plus précis et différenciés de l'informatique conçue comme instrument épistémique. Le propos de G. Chazal se concentre quant à lui davantage sur les détails de la mise en œuvre des ordinateurs existants, même s'il se fonde aussi sur l'idée que l'informatique est une technique qui prolonge la raison dans ses œuvres[2]. Prenant acte de l'évolution de la

---

1. D. Parrochia, *Cosmologie de l'information*, 1994, *op. cit.*, p. 77 et 231.
2. G. Chazal, *Le miroir automate*, 1995, *op. cit.*, p. 8.

pensée de Putnam, il rejoint, comme ce dernier, mais par d'autres biais (dont celui de Leibniz) la pensée d'Aristote au sujet de la forme et de l'organisation fonctionnelle [1]. Pour Putnam, en effet, les formes aristotéliciennes présentent l'intérêt d'être comme des « Raisons-dans-le-monde » : elles sont possédées par les choses que l'on perçoit et connaît. En même temps, elles se conforment à l'intellect. Un retour à Aristote – et, à travers lui, aux pragmatistes classiques dont Dewey – pourrait permettre la résolution du problème de la signification et de la référence, cela à la différence des approches fonctionnalistes [2].

En écho à von Neumann, Chazal conçoit l'informatique comme un « miroir automate ». À juste raison, il met au fondement de l'informatique la volonté de simuler. Refusant d'entrer dans les débats sur l'équivalence fonctionnelle contrastant avec la différence de substrat (débats qui ont mené aux fonctionnalismes et à leurs critiques), il note que c'est d'abord la fonction de simulation d'un acte humain de déplacement, remplacement et mise en mémoire de symboles ponctuels qui est au cœur de l'informatique (la machine de Turing). L'infor-

---

1. Voir H. Putnam, *Representation and Reality*, Cambridge, MIT Press, 1988; trad. fr. C. Tiercelin, *Représentation et Réalité*, Paris, Gallimard, 1988, chap. 5, p. 144-145; *Words and life*, Cambridge, Harvard UP, 1994, chap. 1, 2 et 24. Putnam y récuse son fonctionnalisme originel en arguant du fait que les événements mentaux sont non seulement compositionnellement plastiques mais aussi computationnellement plastiques (*ibid.*, p. 47). Non seulement il peut y avoir *a priori* un nombre indéfini de programmes qui simulent une organisation fonctionnelle, mais les conditions nécessaires et suffisantes pour la présence d'une croyance ne peuvent être construites par des règles effectives.

2. H. Putnam, 1994, *op. cit.*, p. 442. Le tournant pragmatiste général de Putnam est décrit dans C. Tiercelin, *Hilary Putnam – L'héritage pragmatiste*, Paris, PUF, 2002.

matique paraît un miroir de l'homme et de sa pensée puisqu'on peut soutenir par ailleurs que la pensée procède essentiellement à des manipulations de symboles[1]. Je soutiendrai bientôt l'idée que l'informatique est davantage encore un miroir tendu à la nature en son ensemble et pas seulement à l'homme en particulier. Car si la pensée humaine n'est peut-être qu'une manipulation de symboles[2], toute manipulation de symboles déléguée à la machine n'a pas nécessairement pour vocation de simuler une pensée ni même une propriété humaine en général (bien que des humains en soient à l'origine et soutiennent ses contenus sémantiques). En témoigne le développement de la simulation informatique non seulement en IA, mais aussi dans presque toutes les sciences.

Selon Chazal, si on les examine dans leurs fonctionnements et leurs usages réels, les procédés informatiques n'imposent nullement un dualisme étroit du substrat et de la fonction. Car, de même que la « confiance sémantique » paraît nécessaire dans le cadre d'une interlocution ou d'une pratique commune du monde[3], une correspondance relativement durable entre les symboles et le réel est toujours supposée en informatique : « toute l'entreprise de l'informatique suppose, en effet, qu'il existe une réalité en dehors de nous, un monde de choses et d'événements et que cette réalité est dicible »[4]. La confiance sémantique se fonde ici sur le fait qu'en informatique les symboles ne sont pas de simples doubles ou substituts passifs des choses : comme un fichier agit en retour sur l'individu fiché, ils ont un pouvoir opératoire jusque dans les choses

---

1. G. Chazal, *Le miroir automate*, 1995, *op. cit.*, p. 17.
2. Chazal s'appuie ici sur Peirce et Putnam.
3. Chazal se réclame là aussi de Putnam, 1988, *op. cit.*
4. G. Chazal, *Le miroir automate*, 1995, *op. cit.*, p. 20.

qu'ils symbolisent. Par là, le terme « information » peut retrouver une partie du sens qu'avait le terme « forme » chez Aristote : les symboles à l'œuvre ne désignent pas de manière passive et neutre les choses, mais ils leur donnent forme. Dans l'informatique, l'acte de dire et l'acte de faire se recouvrent donc. Or, c'est précisément cette prise sur le monde qui est régulièrement occultée dans les conceptions dualistes de Searle ou même dans celles du premier Putnam. Significativement, Dreyfus, un des premiers philosophes à avoir critiqué le projet de l'IA, constatait que les ordinateurs n'ont pas de langage ni de monde parce qu'ils n'ont pas de corps et n'interagissent pas avec lui comme un homme peut le faire [1]. Par là, il supposait qu'il était nécessaire de disposer de tout un corps humain pour parler véritablement comme un homme, c'est-à-dire avec la nécessaire dimension pragmatique du langage. Avec Chazal, on doit rejeter l'idée qu'il serait totalement impossible de simuler, sans un corps, cette dimension pragmatique du langage.

Il est une autre raison pour laquelle on doit considérer que l'acte de référer à quelque chose demeure central en informatique : c'est la matérialité même des signes utilisés. Par là, les symboles n'ont pas seulement une prise sur le monde, ils y ont un ancrage. On peut certes dire que « ce qui se passe dans la tête des gens ne détermine pas la référence de leurs termes » [2] et qu'une machine computationnelle ne peut pas faire référence en ce sens. Mais cela est un problème différent de celui qui consiste à savoir 1) si un objet physique peut être un symbole,

---

1. H. Dreyfus, « Response to my Critics », dans T.W. Bynum et J.H. Moor, 1998, 2008, *op. cit.*, p. 204.

2. H. Putnam, *Reason, Truth and History*, Cambridge, Cambridge UP, 1981 ; trad. fr. *Raison, Vérité et Histoire*, Paris, Minuit, 1984, p. 36.

c'est-à-dire dénoter de manière stable un autre objet physique ou une distribution d'autres objets ou un label ou un ensemble de labels, et 2) si une machine automatique et programmable peut être chargée – par délégation – de maintenir et démultiplier ce pouvoir de dénoter pour des objets physiques traités comme symboles des choses ou symboles d'autres symboles. Le problème de la fixation de la correspondance entre le code informatique et le réel n'est pas le même que le problème de la fixation de la référence des termes d'un supposé système fonctionnel. Or, on le sait : c'est cette matérialité du symbole en informatique qui permet la mécanisation du traitement de l'information. Certes, le symbole «ne se réduit pas à l'objet physique de son tracé mais à une certaine abstraction »[1]; d'où le fait que, comme on l'a vu, ce qui compte, c'est la structure du signal non sa nature physique. C'est là retrouver la différence que Goodman fait (en s'inspirant de la distinction établie par Peirce entre *type* et *token*) entre la marque et le caractère[2]. En l'espèce, le symbole informatique n'est pas la marque mais le caractère entendu comme classe de marques. Les marques appartenant au même symbole – ou caractère – doivent être indifférentes vis-à-vis de cette appartenance au caractère. Or, l'électronique numérique associée à l'informatique fonctionne avec des signaux en tout ou rien. Ils sont engendrés et détectés par des effets de seuil précisément pour assurer l'indifférence de caractère des marques et donc l'installation directe et le maintien du fonctionnement élémentaire de la machine au

---

1. Chazal, *Le miroir automate*, 1995, *op. cit.*, p. 49.
2. N. Goodman, *Languages of Art : An Approach to a Theory of Symbols*, Indianapolis, Bobbs-Merrill, 1968; trad. fr. *Langages de l'art*, Paris, J. Chambon, 1990, réimp. Paris, Hachette-Pluriel, 2006, p. 169 et 209.

niveau d'un système symbolique. Mais cette abstraction n'est pas totale ; elle est relative au niveau dénotationnel que l'on veut bien considérer préférentiellement dans la hiérarchie dénotationnelle des choses et des symboles[1]. Il faut bien comprendre qu'en elle-même, elle ne supprime pas la dimension matérielle du symbole informatique.

À partir de là, il faut reconnaître qu'il y a un enchevêtrement du symbole et du sens car la forme matérielle du symbole garde la trace de sa fonction référentielle et reste partiellement contrainte par elle. Arsac soutient pourtant que le traitement des nombres sur ordinateur ne pose aucun problème précisément parce que les nombres n'ont pas de signification. En réalité, le nombre codé matériellement et pris en charge par l'ordinateur est un modèle physique, imparfait comme tout modèle[2], du nombre mathématique. Le caractère numérique de son codage facilite le renvoi à la référence quand il s'agit de coder des nombres entiers (pas trop grands)[3]. Le codage numérique d'un nombre entier constitue un modèle plus *iconique* de nombre que ne l'est le codage numérique d'un nombre réel. Lorsqu'il faut coder en numérique un nombre réel, il faut en effet recourir à davantage de règles conventionnelles. Comme

1. N. Goodman, « Routes of Reference », *Critical Inquiry*, vol. 8, n° 1, (Autumn, 1981), p. 121-132 ; trad. fr. N. Goodman et C.Z. Elgin, *Esthétique et connaissance*, Paris, L'éclat, 2001.

2. Sur les divers types de modèles, voir R. Frigg et S. Hartmann, « Models in Science », dans *The Stanford Encyclopedia of Philosophy*, Spring 2006 Edition, http://plato.stanford.edu/entries/models-science/

3. P.N. Johnson-Laird, *The Computer and the Mind*, Cambridge, Harvard UP, 1988, 1993 ; trad. fr. *L'ordinateur et l'esprit*, Paris, Odile Jacob, 1994, p. 38 : « les ordinateurs ne traitent pas des nombres mais des numéraux. Les nombres sont des entités abstraites, alors que les numéraux sont des symboles qui peuvent être interprétés comme représentant des nombres (ou d'autres choses) ».

l'explique O. Fischer[1], l'*iconicité* n'est jamais absolue. Elle n'est pas toujours celle d'une image. Elle est relative. Elle est moins une question de ressemblance que celle d'*une plus faible dépendance* de la relation référentielle qu'on institue aux règles du langage qu'on se donne par ailleurs. Un modèle est d'autant plus iconique que son pouvoir dénotationnel dépend peu des règles du langage dans lequel on l'insère. Pour revenir à l'argument d'Arsac : le modèle iconique de nombre entier n'étant qu'un modèle, il reste imparfait. Contrairement à ce qu'il affirme, tout codage des nombres pose de nombreux problèmes (arrondis, troncatures…), y compris pour la prise en charge des opérations arithmétiques simples sur les entiers. Le traitement des nombres sur ordinateur posant des problèmes, la question de la signification des codages employés jusque dans ce domaine n'y est donc pas dépourvue de pertinence.

L'objection de la difficulté des traductions assistées par ordinateur, quant à elle, fait fi du développement des analyses par niveaux (morphologique, syntaxique, sémantique et pragmatique) et, doit-on ajouter, de l'essor actuel du web sémantique. Dans l'analyse sémantique, notamment, on peut demander à l'ordinateur de construire des graphes de symboles référant à des concepts. Ainsi, il faut reconnaître que « l'ordinateur a pénétré la sémantique »[2].

Superposition de niveaux de langages

On peut objecter à cela que l'informatique se réduit à la logique : « les circuits électroniques qui composent un ordina-

1. O. Fischer, « Iconicity : A definition », dans *Iconicity in Language and Literature*, Academic Website of the University of Amsterdam, http://home.hum.uva.nl/iconicity/

2. G. Chazal, *Le miroir automate*, 1995, *op. cit.*, p. 52.

teur réalisent des fonctions booléennes »[1]. En outre, tous les langages informatiques peuvent être spécifiés par la logique des propositions ou la logique des prédicats. On a certes en partie raison de confondre ici le formel et le syntaxique, comme le faisait Searle dans la phrase citée plus haut. Mais on ne peut réduire la fonction qu'assure une machine aux moyens qu'elle met en œuvre pour l'assurer. Davantage, le principe même de l'informatique est de jouer sur ce décalage entre substrat et fonction des symboles, quitte à *réitérer* ce décalage dans des couches logicielles superposées. Il faut plutôt dire, avec Chazal, que « l'univers de la machine informatique est constitué en niveaux auxquels correspondent des modes de description différents où se mêlent syntaxe et sémantique »[2]. La *multiplicité des niveaux de systèmes de symboles* est une des caractéristiques fondamentales de l'informatique que nous n'avions pas encore clairement mise au jour.

Prenons deux exemples pour confirmer ce point : un langage informatique et un style de programmation. Certains langages, tel Prolog, s'affranchissent de la programmation impérative qui prévaut au niveau du langage machine (le plus proche des opérations électroniques élémentaires). Alors que la *programmation impérative* se présente sous forme d'algorithmes stricts, c'est-à-dire de séquences d'instructions (commandant des actions élémentaires de calcul, de branchement conditionnel, de mise en mémoire…), la *programmation déclarative* de type Prolog part des données d'un problème décrites dans un langage à prédicats et permet l'exploration de la base de données ainsi fournie. Si le langage machine correspondant à la compilation (traduction) des programmes en

1. G. Chazal, *Le miroir automate*, 1995, *op. cit.*, p. 53.
2. *Ibid.*, p. 54.

Prolog reste impératif, les *effets* de l'emploi de ce langage de haut niveau sont que l'on a affaire à une machine qui simule des procédés de formulation et résolution de problèmes de type déclaratif. Ce n'est pas là une question d'ordre pragmatique ou de simple point de vue : l'ordinateur acquiert un statut épistémique véritablement nouveau car il peut dès lors concerner des disciplines du savoir ou de l'ingénierie dans lesquels les problèmes ne sont pas codables sous forme d'algorithmes, c'est-à-dire de séquences finies et ciblées d'instructions élémentaires.

De manière voisine, dans la *programmation orientée objets*, au lieu d'une approche par lois générales faisant l'hypothèse d'une connaissance de surplomb des processus, une approche taxonomique et compartimentante est employée. Les objets y sont définis comme des instances de classes. Les classes sont des structures de données où figurent des attributs (caractéristiques) et des méthodes (comportements des objets). Les objets communiquent entre eux par des messages sous forme de services aux autres objets (décrits dans les méthodes). Les classes peuvent être emboîtées : elles héritent alors certains de leurs attributs ou leurs méthodes. Les objets protègent leurs données et leurs méthodes avec une grande autonomie : ils sont dits encapsulés. Le but est double : 1) exprimer un problème réel dans un langage proche de celui qui est employé par ceux qui se le posent ; 2) résoudre un problème où des composants hétérogènes interagissent. Chaque composant peut incorporer une expertise particulière qui ne communique que le nécessaire aux autres : le programme général a pour simple fonction d'encadrer un processus qui simule « un groupe de spécialistes travaillant ensemble pour résoudre un problème »[1].

Si l'on y regarde de plus près, cette caractéristique se trouve dès le départ au fondement de l'architecture de von Neumann, modèle de tout ordinateur classique. L'apport de von Neumann n'a pas seulement tenu dans une explicitation de la solution du programme enregistré. Il a aussi tenu à l'introduction de l'accès absolu à la mémoire[2]. Non seulement la séquence principale d'instructions est rangée dans la même mémoire que les variables, mais certaines sous-séquences (appelées sous-programmes) y sont rangées de sorte qu'un accès absolu y est possible à la simple invocation du nom ou du numéro de la case mémoire de début de cette sous-séquence. Cet accès est absolu au sens où un branchement direct est spécifiable indépendamment de l'étape à laquelle le programme principal se trouve. Au contraire de ce qui se produit dans une machine de Turing, comme le sous-programme réside à une adresse fixe dans la mémoire, le saut à une procédure réitérée un grand nombre de fois (appelée pour cela « routine ») peut être commandé sans passer par une série d'étapes de saut relatives à l'état actuel du registre examinant l'instruction en cours (registre de lecture pour le reste analogue à la tête de lecture de la machine de Turing).

Pour Haugeland, c'est la principale caractéristique de l'informatique car un sous-programme peut être invoqué sous la forme d'un appel invariable comme s'il s'agissait d'une

---

1. R.P. Ten Dyke et J.C. Kunz, « Object-Oriented Programming », *IBM Systems Journal*, 1989, 28, n° 3, p. 466.

2. J. von Neumann, *First Draft, op. cit.*, p. 31-32.

seule instruction[1]. C'est là que l'on trouve une superposition des niveaux de symboles dans un même langage : « une machine de von Neumann peut lire, écrire, et utiliser des *adresses* (et non seulement des données) qui sont stockées en mémoire et peuvent donc facilement être modifiées par la machine pendant que le programme tourne »[2]. Bien entendu, une machine de von Neumann peut être simulée par une machine de Turing, et inversement. Mais pour saisir la différence entre les deux et comprendre pourquoi c'est l'architecture de von Neumann qui prime, il faut entrer dans des considérations de rapidité mais aussi et surtout de commodité de programmation et ne pas en rester au niveau des opérations matérielles, c'est-à-dire des moyens dictés par le langage machine. En particulier, il s'agit de la commodité de mobilisation pour le programmeur des références qu'il attribue aux symboles intervenant dans le programme en langage évolué. Avec la possibilité d'écrire directement dans un programme le nom d'une routine dénotant tout un sous-programme et non seulement une opération élémentaire, on met en œuvre un métasymbole au milieu des autres symboles.

Il faut ainsi admettre que les langages informatiques possèdent de façon générale une forte hétérogénéité interne. C'est une hétérogénéité sémantique, comme le souligne Granger[3] : des symboles qui peuvent être écrits côte à côte dénotent des types d'entités différents. Si l'on observe un simple langage de *programmation procédurale* (qui est un type

---

1. J. Haugeland, *Artificial Intelligence, the very Idea*, Cambridge, MIT Press, 1985, trad. fr. *L'esprit dans la machine*, Paris, Odile Jacob, 1989, p. 140.

2. *Ibid.*, p. 141. C'est l'auteur qui souligne.

3. G.G. Granger, *Langages et épistémologie*, Paris, Klincksieck, 1979, p. 144.

de programmation impérative avec prise en compte explicite
de routines) comme FORTRAN, on observe qu'il y a des symboles qui dénotent des entités ou des opérations (comme des
nombres et des opérations sur ces nombres), d'autres symboles
qui dénotent non des choses mais leur désignation dans
le langage-objet (comme le nom réservé « PROCEDURE » qui
annonce la déclaration d'une procédure) ainsi que des
symboles qui commandent d'affecter des formats de variables
(comme le mot « INTEGER » pour réserver une case mémoire de
taille adéquate au stockage d'un entier). Par là, on voit que
certaines désignations sont en même temps des commande-
ments à faire, à faire être et à faire référer sous une forme
prescrite pour que certains symboles dénotent correctement
certaines entités auxquelles il sera fait référence. Ce sont des
métasymboles qui ont une dimension pragmatique. Comme le
note Granger, au contraire des systèmes formels qui – hors
d'une situation de communication, comme un enseignement
de mathématiques – n'ont pas d'élément de métalangue, les
langages de programmation sont des « instruments complets
de communication »[1]. Ils sont donc à mi-chemin entre les
systèmes formels et les langues naturelles[2].

Mais Granger objecte que les indices pragmatiques d'un
langage informatique prennent une tournure figée qui l'éloigne
des jeux de langages propres aux langues naturelles. Cela tient

1. G.G. Granger, 1979, *op. cit.*, p. 146.

2. Voir G. White, « The Philosophy of Computer Languages », dans
L. Floridi (ed.), *op. cit.*, 2004, p. 238 : « [...] les langages de programmation ont
des caractéristiques qui sont différentes – de façon saisissante – de celles de ces
types de langages qui sont familiers aux philosophes. En grande partie,
ces autres caractéristiques viennent d'un besoin de contrôler la structure
du programme [...]. Ainsi, les programmes tendent à être constitués de
composants hiérarchiquement situés ».

au fait que l'hétérogénéité sémantique n'est pas absolue et se résorbe au niveau de la traduction d'un tel programme (d'abord écrit en langage évolué) en langage machine : la distinction entre les types de symbole disparaît « de sorte que le caractère pragmatique des symboles se trouve pour ainsi dire neutralisé dans des situations stéréotypées, et que subsiste seulement la forme d'une pragmatique effective »[1]. Si l'on peut certes repérer des simulations de dimensions pragmatiques dans l'énonciation informatique, rien ne semble en vue qui pourrait autoriser la simulation des « formes de vie » jugées nécessaires par Wittgenstein pour que l'ancrage d'un langage de type humain soit possible.

Granger rejoint finalement les réserves d'un Dreyfus (défaut de corps), ou même d'un Searle (défaut d'intentionnalité) ou d'un Putnam (externalisme de la référence, holisme de la signification), mais en argumentant à un autre niveau : si l'ordinateur peut simuler une dimension pragmatique dans des jeux de langage, il ne fera jamais preuve de la présence *ès* qualité, dans l'énoncé, de l'auteur de son énonciation ; ce qui est précisément la définition d'un ancrage d'énoncé. Or, « le problème soulevé par l'ancrage n'est pas essentiellement un problème de référence »[2]. Car les symboles d'ancrage renvoient non pas tant à des entités, à des énoncés ou à d'autres symboles qu'à l'énonciation elle-même[3]. C'est donc toute la

1. G.G. Granger, 1979, *op. cit.*, p. 145.

2. *Ibid.*, p. 173.

3. L. Wittgenstein, *The Blue and Brown Book*, Oxford, Blackwell, 1958 ; trad. fr. *Le cahier bleu et le cahier brun*, Paris, Gallimard, 1996, p. 125 : « Le mot "je" ne veut pas dire la même chose que "L.W.", même si je suis L.W., pas plus que cela ne veut dire la même chose que l'expression "la personne qui est en train de parler". Mais cela ne veut pas dire que "L.W." et "je" veulent dire deux choses différentes. Tout ce que cela veut dire, c'est que ces mots sont des

forme de vie donnant lieu à d'authentiques jeux de langage qui ne peut, comme telle, être simulée par un ordinateur.

Une orthodoxie wittgensteinienne pourrait s'étonner du fait que Granger s'arrête à l'avant-dernier des niveaux qui caractérisent le fonctionnement d'un ordinateur comme machine et non au niveau des fonctionnements électroniques des mémoires, des registres et de l'unité arithmétique et logique [1]. Il y aurait pourtant retrouvé une hétérogénéité fonctionnelle : celles de morceaux de machine qui obéissent à des règles de natures diverses dont l'utilisateur humain décide en un second temps qu'on peut s'en faire un modèle homogène, comme c'est le cas des jeux de langages en mathématiques selon Wittgenstein. Granger arrête son analyse au niveau du langage machine parce qu'il s'agit encore à ce niveau d'un langage. Grâce à cela, il peut masquer la machine réelle sous la « machine comme symbole de son mode d'action » [2]. Cette

instruments différents de notre langage ». Granger en conclut que de tels symboles d'ancrage posent un « centre de perspective qui exprime une condition non empirique de la communication complète d'une expérience » alors que tout symbolisme scientifique (y compris donc informatique) se donne un « référentiel universel indépendant de l'énonciation », *op. cit.*, p. 175.

1. Comme von Neumann commande lui-même qu'on le fasse dans la « théorie des automates » qu'il appelle de ses vœux, aux côtés de l'algorithmique : « les opérations de logique […] devront toutes êtres traitées par des procédures qui permettent les exceptions (dysfonctionnements) avec une probabilité faible mais non nulle. Tout cela conduira à des théories qui sont bien moins strictement de type tout-ou-rien que la logique formelle passée et présente », J. von Neumann, 1948, *op. cit.*, p. 84.

2. Voir L. Wittgenstein, *Philosophische Untersuchungen*, Oxford, Blackwell, 1953 ; trad. fr. *Recherches philosophiques*, Paris, Gallimard, 2004, § 192-193. Pour Wittgenstein, l'algorithme est une machine-symbole, mais non la machine « réelle » au sens où elle serait dotée de parties physiquement situées et diversement sollicitées. Elle est le « symbole d'un mode d'action » comme

conception d'emblée linguistique des machines informatiques permet une telle assimilation. Il faut objecter également que les simulations informatiques multi-échelles et multi-perspectives en sciences de la vie[1] et en sciences de l'homme sont en réalité partiellement capables de simuler les formes de vie (ce que Cavell appelle les «tourbillons de l'organisme»[2]) en simulant explicitement l'enchevêtrement des règles dans ce qui se conçoit comme des simulations de pratiques et de jeux de langage[3].

QU'EST-CE QUI FAIT FONCTIONNER UN ORDINATEUR ?
APPROCHES FORMELLES, APPROCHES CAUSALES

Avec cette objection au sujet de la confusion entre machine réelle et machine «symbole de son mode d'action», comme avec les critiques du fonctionnalisme en IA s'appuyant sur l'impossibilité d'une application simple d'une théorie causale de la référence, on voit qu'on en revient toujours à l'impossibilité pour l'informatique de faire réellement – et de

---

l'automate abstrait de Turing. Comprendre un algorithme, c'est le *voir comme* un symbole d'action qui ne laisse pas la place à la surprise. Ainsi, il n'y a pas de causalité dans la preuve formelle, au point qu'une preuve peut être assimilée à une image.

1. F. Varenne, *Du modèle à la simulation informatique*, Paris, Vrin, 2007.

2. S. Cavell, «Must we mean what we say?» (1969), cité par S. Laugier dans «Où se trouvent les règles?», dans S. Laugier et C. Chauviré (éd.), *Lire les Recherches Philosophiques de Wittgenstein*, Paris, Vrin, 2006, p. 145.

3. F. Varenne, «Émergences par les règles sans "formes de vie": une relecture de Kripke (1982) pour la simulation informatique du vivant», *Problèmes logiques et logiques du vivant*, P.A. Miquel et J. Boniface (éds.), n° spécial de la revue *Noesis*, vol. 14, 2009, p. 201-236.

nouveau – lien avec le monde causal ou même de caractériser précisément la nature de ce lien. Or, il est un débat célèbre qui a mis au jour des confusions mais a aussi révélé la diversité irréductible des positions qu'on pouvait tenir à ce sujet, y compris parmi les informaticiens eux-mêmes : il s'agit du débat autour de la vérification formelle des programmes d'ordinateur. Il a fait rage à la fin des années 1980 et au début des années 1990[1]. J'en rapporterai quelques points-clés ici. L'informatique ne serait rien en effet sans les programmes d'ordinateur. Un bon moyen de savoir plus distinctement ce qu'est l'informatique consiste donc à se demander quelle est la nature d'un programme informatique, plus exactement quels sont les critères qui nous permettent de dire qu'un programme est conforme à sa spécification[2] et, parallèlement, quels sont les critères qui – si ce ne sont pas les mêmes – nous permettent de dire qu'une machine fonctionne correctement, à savoir conformément à l'ordinateur bien programmé qu'on veut qu'elle soit.

On le sait : l'informatique s'est surtout développée comme une science expérimentale. Du fait de la complexité croissante des programmes, une grande part de l'activité des informaticiens a consisté à débugger les programmes après coup. McCarthy, Dijkstra, Hoare et d'autres informaticiens théori-

1. J.H. Fetzer, « Program Verification : the Very Idea », *Communications of the ACM*, September 1988, p. 1048-1063 ; J.H. Fetzer, « Philosophy and Computer Science : Reflections on the Program Verification Debate », dans T.W. Bynum et J.H. Moor, 1998, 2000, *op. cit.*, p. 253-273 ; T. Colburn, J.H. Fetzer et T.L. Rankin (eds.), *Program Verification*, Dordrecht, Kluwer Academic Publisher, 1993 ; A.H. Eden, « Three paradigms of computer science », *Minds and Machines*, 17(2), Jul. 2007, p. 135-167.

2. La spécification d'un programme est la description détaillée de ses entrées et sorties, abstraction faite de la manière dont le programme réalise cette série de transformations.

ciens ont affirmé qu'au lieu de chercher à débugger par tâtonnements, il fallait trouver des preuves formelles que le programme remplit bien ses spécifications. Ces recherches ont été fécondes en permettant, en particulier, le développement d'outils de traduction entre langages de programmation. Mais elles ne sont pas réellement parvenues à concevoir des outils universels de compilation, c'est-à-dire de traduction de tout type de programme (écrit en tout type de langage évolué) dans le langage machine[1]. En mathématiques, les preuves consistent en la dérivation de théorèmes à partir de prémisses données comme axiomes. Du point de vue du paradigme mathématiste[2] qu'adoptent ces informaticiens théoriciens, on doit considérer de manière similaire que ce qui est à prouver, en informatique, sont les spécifications du programme et que le raisonnement déductif doit être appliqué au texte formel que constitue le programme. Hoare soutient ainsi que « la programmation informatique est une science exacte en ce que toutes les propriétés d'un programme et toutes les conséquences de son exécution, dans tout environnement [matériel] donné, peuvent, en

---

1. Ainsi, les éditeurs de logiciel ne garantissent pas le fonctionnement de leur produit y compris dans les conditions normales d'utilisation ! La conception d'un compilateur général permettant de vérifier les programmes fait encore partie des défis de l'informatique théorique : voir la feuille de route de C.R.A. Hoare et J. Misra, « Verified Software : theories, tools, experiments », *Proc. of the* VSTTE *conference* (*Verified Software : Theories, Tools, Experiments*), ETH Zürich, 10-13 October 2005, http://vstte.ethz.ch/

2. Voir A.H. Eden, *op. cit.*, p. 135 : « [Le paradigme rationaliste] définit l'informatique comme une branche des mathématiques, traite les programmes comme des objets mathématiques et recherche certaines connaissances *a priori* au sujet de leur "correction" [*correctness*] au moyen du raisonnement déductif ». Il est plus pertinent de l'appeler le « paradigme mathématiste » dès lors qu'aucune thèse précise au sujet de la raison ne semble devoir l'accompagner.

principe, être découvertes à partir du texte du programme lui-même au moyen du raisonnement purement déductif »[1]. Mais cette affirmation ne va-t-elle pas un peu trop loin ? Ce qui est vrai pour le texte du programme est-il nécessairement vrai pour les conséquences de son exécution sur une machine réelle ?

Algorithme, code et programme : modèles imparfaits les uns des autres

L'argumentation de Fetzer[2] consiste à faire remarquer qu'avec de tels propos, les tenants du paradigme mathématiste et vérificationniste confondent les algorithmes et les programmes. Les algorithmes sont des solutions formelles (abstraites en ce sens) et effectives pour certains problèmes bien formulés. Les programmes chargés en mémoire (exécutables) sont en revanche des modèles causaux (car physiques) de ces algorithmes. Alors que les algorithmes sont des modèles abstraits des programmes exécutables, les programmes exécutables sont des modèles causaux des algorithmes. Ils sont donc modèles imparfaits l'un de l'autre, mais pas du même type. En tant que modèles causaux des algorithmes, les programmes exécutables (surtout venant de codes sources écrits en langage évolué) sont susceptibles d'être imparfaits et de ne pas se comporter comme l'algorithme formel permet de le prévoir : le manque de compilateur absolument fiable apparaît ici comme un défaut irrémédiable. Cette imperfection ne peut elle-même faire l'objet d'une étude purement formelle mais seulement

1. C.A.R. Hoare, « An Axiomatic Basis for Computer Programming », *Communications of the ACM*, October 1969, p. 576.

2. J.H. Fetzer, 1988, *op. cit.* et J.H. Fetzer, 2004, *op. cit.*

empirique et inductive : de manière générale, il ne peut pas y avoir de vérification formelle de l'adéquation entre un système causal et le modèle formel qui lui correspond [1].

De ce fait, si Hoare entend par « programme » l'algorithme abstrait, il a raison de dire que toutes ses propriétés peuvent être connues par le raisonnement déductif et par l'établissement de preuves formelles. Mais il donne l'impression d'entendre également par là le programme exécutable, physiquement chargé en mémoire. En quel cas, il ne devrait pas ajouter – et faire accroire – que les conséquences de son exécution peuvent être – même en principe – entièrement connues par le même moyen. Il est possible, par exemple, de prouver formellement la correction d'un algorithme codé dans un langage créé uniquement à des fins pédagogiques. Mais comme ce langage informatique est conçu pour ne fonctionner que sur une machine virtuelle, il ne possède pas de compilateur. Il n'est donc pas possible de tester les conséquences de son exécution sur telle ou telle machine réelle. Un tel programme est formellement prouvé, mais pas la correction de son exécution [2].

---

1. Ce phénomène fondamental de l'informatique a été baptisé récemment WYSINWYX, à partir du papier de G. Balakrishnan, T. Reps, D. Melski, T. Teitelbaum, « WYSINWYX : What You See Is Not What You eXecute », *Proc. of the VSTTE*, 2005, http://www.cs.wisc.edu/wpis/papers/wysinwix05.pdf. Les auteurs prônent l'analyse du programme exécutable et non seulement celle, formelle, du code source. Ils présentent pour cela des techniques fines d'analyse, mais non suffisantes en elles-mêmes, d'où la persistance du caractère empirique en matière de correction d'erreur.

2. Voir la déclaration d'un spécialiste en correction de systèmes informatiques (prix Turing 2007), J. Sifakis, dans « L'entretien du mois », *La Recherche*, sept. 2008, n° 422, p. 62 : « L'ensemble matériel/logiciel reste impossible à vérifier rigoureusement ».

L'argument de Fetzer montre que les recherches autour de la vérification formelle ne sont certes pas critiquables comme telles. Elles sont nécessaires et relèvent d'une indispensable division du travail pour une activité intégrée qui en même temps se complexifie et se ramifie autour des questions de fiabilité des systèmes informatiques. Mais il montre que leurs prétentions ne doivent pas leur faire outrepasser leur statut. Notamment, elles ne peuvent faire oublier que, du fait que l'on a affaire à des machines réelles, il demeure plusieurs sources de dysfonctionnement et d'inadéquation dans un ordinateur. Il peut notamment y avoir des inadéquations entre ce qu'occasionne l'exécution du programme et ce que permet de prévoir les déductions à partir du seul algorithme (une fois que les erreurs de programmation ont été corrigées) : 1) les portes logiques peuvent être défectueuses, 2) les microprocesseurs intégrés peuvent être défectueux (de surcroît, leur propre complexité structurelle fait que leur fonctionnement ne peut être vérifié complètement avant usage[1]), 3) le compilateur (qui fait le lien entre les instructions à destination des organes matériels de la machine et le modèle d'algorithme qu'est le code en langage évolué) peut ne pas être vérifié et ne pas convenir tout à fait à ce langage évolué ou à la machine particulière sur laquelle il est installé. De ce point de vue, l'ordinateur est une machine réelle dont le comportement doit être testé de manière inductive. Hoare et Fetzer sont d'accord pour dire que le programme-comme-cause est modélisé par le programme-comme-texte (le code ou l'algorithme modélisé lui-même par le code). Mais ils diffèrent en ce que Hoare considèrent que les programmes-comme-causes sont toujours

---

1. Leur architecture est conçue au moyen de programmes de conception assistée par ordinateur, programmes eux-mêmes supposés corrects.

bien représentés par les programmes-comme-textes, ce qu'il faut contester en effet.

Face aux critiques de Dobson et Randell[1], cependant, Fetzer a atténué les conséquences de la distinction entre machines abstraites et système causal. Lorsqu'on distingue le programme exécutable, comme système causal, de l'algorithme, comme modèle abstrait, on fait en réalité référence à la différence entre un raisonnement qui se veut explicatif et un raisonnement qui ne devrait prétendre être qu'inductif. On peut alors accuser Fetzer de s'être construit de faux adversaires puisque la plupart des vérificationnistes considèrent que la vérification formelle de programme est une « évidence » de plus [*evidence*] – au sens d'indice – en faveur de la correction du fonctionnement de l'ordinateur. Ainsi, on peut assez généralement considérer que les algorithmes demeurent des causes partielles de l'exécution du programme correspondant. Fetzer accorde lui-même qu'une preuve formelle, même si elle ne décrit pas la séquence des états causaux de la machine, augmente indubitablement les raisons de croire qu'un ordinateur va se comporter comme on le souhaite. Du fait de l'intrication des causes, néanmoins, la question demeure de savoir dans quelle proportion exactement elles peuvent être dites augmentées.

La recherche d'une sémantique des langages informatiques

Comme l'a sous-estimé également Fetzer, la vérification formelle concerne aussi et avant tout les erreurs de program-

---

1. J. Dobson, et B. Randell, « Program Verification : Public Image and Private Reality », *Communications of the ACM*, April 1989, p. 420-422.

mation (des variables sans valeur définie, des dépassements de formats…). Elles proviennent notamment des inadéquations entre le texte du programme source (le code écrit par le programmeur en langage évolué) et le texte de l'algorithme spécifié au départ. Pour contrôler de telles erreurs, il est possible de développer une approche formelle particulière, par exemple celle qui consiste à développer une sémantique formelle du langage informatique concerné : le caractère enchevêtré des types de symboles dans la programmation incite à associer des objets mathématiques aux entités syntactiques du langage de programmation, objets sur lesquels il est ensuite plus facile de raisonner. On utilise alors la sémantique pour raisonner sur le comportement du code à partir des propriétés mathématiques de ses valeurs sémantiques [1].

Cependant, là aussi, l'assimilation de l'informatique aux mathématiques est loin d'être évidente. Les variables informatiques sont souvent typées et structurées : une approche au moyen d'une théorie des ensembles doublée d'une logique des prédicats convient donc mal. Comme on l'a vu, les hiérarchies entre composants sont nombreuses. À première vue, une *procédure* au sens informatique peut sembler avoir pour valeur sémantique une simple fonction au sens mathématique qui, à une variable antécédente, associe une variable image. Mais les procédures informatiques peuvent avoir d'autres procédures comme arguments : elles sont alors interprétables comme des fonctionnelles (fonctions de fonctions). La valeur sémantique d'une procédure informatique n'est donc pas triviale. Une élévation dans le niveau d'abstraction et une intrication des valeurs sémantiques sont par conséquent

---

1. G. White, 2004, *op. cit.*, p. 239 et 241.

nécessaires. Ce n'est pas étonnant car l'outil fourni au final sera extrêmement puissant : «[ces valeurs sémantiques] doivent être complexes puisqu'il est possible de décider si un programme donné s'arrête ou non, purement sur la base de sa valeur sémantique »[1].

De même, donc, que les arguments précédemment exposés sur la vérification de programme conduisent à la concevoir comme une activité déductive de vérification formelle (interne) doublée d'une activité inductive de validation (externe) de modélisations, cela du point de vue du fonctionnement de l'ordinateur pris comme un tout, de même le travail sur la sémantique des langages de programmation semble relever d'une forme de recherches mathématiques appliquées, plutôt que de ce que l'on pouvait croire être une branche des mathématiques pures.

Pourtant il est une caractéristique commune qui peut encore semer le trouble au sujet de la parenté entre les langages informatiques et les mathématiques. Les uns comme les autres reposent sur l'introduction et la manipulation d'objets abstraits, hautement formalisés. Ne s'agit-il pas de la même abstraction ? Sinon, de quels types d'abstraction parle-t-on dans les deux cas ?

INFORMATIQUE ET ABSTRACTIONS

Une abstraction est le résultat d'une opération par laquelle on conçoit quelque chose séparément d'un ensemble d'autres choses formant un tout et qui, dans la réalité ou dans les

1. G. White, 2004, *op. cit.*, p. 241. Allusion au problème de l'arrêt : voir notre commentaire du texte de Copeland.

représentations habituelles, ne peuvent être séparées de cette chose. On peut concevoir au moins trois grands types d'abstraction. Elle peut d'abord être le résultat du fait d'abstraire en isolant et dénotant à part une qualité ou une propriété du tout : ce qui est abstrait, l'abstraction, c'est alors la propriété en question, même et y compris donc lorsque cette propriété ne peut pas exister indépendamment des entités ou propriétés qui ont été mises de côté. L'abstraction peut ensuite être le résultat du fait de généraliser, c'est-à-dire le résultat du fait de ne dénoter que ce qu'on considère comme faisant l'essentiel du tout en question. Dans ce cas, abstraire consiste à isoler – mais cette fois-ci pour les rejeter – un certain nombre de propriétés secondaires au profit de quelques unes qu'on pense devoir correspondre au véritable contenu du tout qu'on considère (ce qui en fait éventuellement l'« essence ») : en ce sens, on *fait abstraction* des propriétés jugées accidentelles d'un tout pour *se faire une abstraction*, c'est-à-dire une *représentation générale* de ce tout. Il y a enfin une abstraction par classification, non essentialiste, et reconnue par les nominalistes comme se substituant de fait totalement à la prétendue abstraction essentialiste : on crée un label par lequel on dénote un ensemble d'objets particuliers dont on décrète qu'ils appartiennent à la classe dénotée par le label.

Précédemment, nous avions été amenés à caractériser l'informatique comme *une technologie de traitement automatique de l'information par machines à procédé de calcul mécanique et recourant à des programmes (ou séquences d'instructions) enregistrés*. On sait maintenant que c'est cette capacité à recourir à des programmes enregistrés à même la mémoire de la machine – et aux côtés des données – qui a pour conséquence deux mouvements très contradictoires mais qui se nourrissent l'un l'autre. Le premier est immédiat; c'est le mouvement d'une homogénéisation des types de symboles représentés par les signaux physiques. C'est ce que mettent au premier plan les conceptions informatistes, linguistiques et mathématistes de l'informatique. Le second est moins immédiat, mais il est celui qui a rendu possible le développement réel de l'informatique (en ce sens donc, il est tout autant fondamental) et il est une conséquence paradoxale de la souplesse apportée par le premier : une hétérogénéisation, une hiérarchisation, et donc une *abstraction* toujours plus poussées des types de symboles, mais donc aussi des niveaux de langages mis en jeu par l'ordinateur. C'est ce mouvement que mettent en avant, en revanche, les conceptions sémantiques de l'informatique [1].

L'histoire des langages de programmation est celle de langages qui s'appuient sur des *niveaux d'abstraction* de plus en plus élevés [2]. L'informatique devient une technologie polyvalente et omniprésente à la condition que les programmeurs puissent *faire abstraction* du niveau du langage machine. Mais s'agit-il de la même abstraction que l'abstraction mathématique ?

Informatique et mathématiques

L'abstraction mathématique peut être mieux comprise à partir de l'analyse de la structure logique de la géométrie. Une axiomatisation de la géométrie uniquement en termes de points et d'ordre (comme celle de Veblen) plutôt qu'en termes de

1. B.C. Smith, *The Age of Significance I-VII*, Cambridge, MIT Press, à paraître.

2. T. Colburn, 2000, *op. cit.*, p. 177-180 ; T. Colburn, 2004, *op. cit.*, p. 323.

points, lignes et plans, transforme en grande partie la géométrie en un calcul logique. Elle permet de faire abstraction du caractère substantif des notions euclidiennes usuelles. L'abstraction mathématique met ainsi en avant des propriétés relationnelles et non des valeurs sémantiques. Elle rend explicite des relations entre symboles. Les axiomes peuvent certes être considérés comme des définitions de propriétés de classes. Mais ce sont des définitions implicites : abstraction est faite ici de tout contenu. Les logicistes en tirent l'idée que les parties des mathématiques axiomatiquement purifiées sont avant tout des systèmes de règles logiques sans contenu empirique[1]. Elles ne manipulent pas de significations. La question de savoir si les mathématiques décrivent le monde empirique est ensuite, en elle-même, une question empirique. Pour Bourbaki – qui rejette par ailleurs la réduction des mathématiques au « squelette sans vie » de la logique formelle[2] – les objets mathématiques sont des structures. Une « structure mathématique » est un « ensemble d'éléments dont la nature n'est pas spécifiée ». Pour définir une telle structure, on « se donne une ou plusieurs relations où interviennent ces éléments […]; on postule ensuite que la ou les relations données satisfont à certaines conditions (qu'on énumère) et qui sont les axiomes de la structure envisagée »[3]. De ce point de vue aussi, ce sont

1. E. Nagel, *The Structure of Science*, Indianapolis, Hackett Publishing, 1960, p. 93; C.G. Hempel, « On the nature of mathematical truth », *The American Mathematical Monthly*, vol. 52, 1945, p. 543-556; réimp. dans P. Benacerraf et H. Putnam, *Philosophy of Mathematics*, Cambridge, Cambridge UP, 1964, 2e ed. 1983, p. 377-393.

2. N. Bourbaki, « L'architecture des mathématiques », dans F. Le Lionnais, *Les grands courants de la pensée mathématiques*, Paris, Blanchard, 1962, p. 47.

3. *Ibid.*, p. 40-41.

des relations ainsi que des contraintes sur ces relations qui donnent consistance à l'abstraction définie.

Dans le cas mathématique, on voit donc qu'abstraire n'est pas se donner quelque *chose* pour décrire cette chose ensuite à un niveau général, en faisant abstraction des détails, même si ce procédé empirique a pu jouer historiquement. C'est isoler d'autorité une propriété relationnelle, la mettre en relation avec d'autres propriétés relationnelles, observer les relations implicites qu'on peut en déduire, c'est-à-dire rechercher des structures d'inférence, pour ensuite se demander, éventuellement, si cela convient à quelque chose dans le cadre d'une application.

Comparativement à celle qui prévaut en mathématiques, l'abstraction croissante des niveaux de langages informatiques relève non pas d'une abstraction de la forme *via* des relations mais d'une abstraction des contenus [1] : les contenus ne sont pas supprimés, mais ils sont soit stylisés, soit cachés le temps d'une opération de tel ou tel type, et par là maintenus. Les langages évolués sont dits de haut niveau en ce qu'ils manipulent des abstractions qui sont plus proches des termes généraux (avec leurs dimensions intensionnelles) appartenant à des disciplines scientifiques ou à des savoirs communs. Le contenu n'est donc pas supprimé mais il figure de manière stylisé. La programmation procédurale permet déjà de définir des procédures en concentrant le regard du programmeur sur les entrées, sur les sorties et sur le traitement particulier mis en œuvre par la procédure en question. Elle masque les détails des attributions d'espace mémoire, de registre, de saut, d'appel d'adresses de mémoire, etc., détails qui, à un niveau plus proche de la

1. T. Colburn, 2004, *op. cit.*, p. 322.

machine subsistent bien encore pour que l'invocation de la procédure ne soit pas seulement verbale mais ait un pouvoir causal *in fine* dans le programme exécutable.

Dans l'abstraction informatique visible par le programmeur et par l'utilisateur, la suppression des détails est donc doublement relative : elle est relative à un niveau auquel on décide d'appréhender la machine ; elle est relative à un niveau de discours et de savoirs auquel on veut adapter la programmation. Colburn affirme que les abstractions, en informatique, consistent non en une suppression du contenu, mais en un « élargissement du contenu » [1]. Elles élargissent le contenu des termes en les faisant se rapporter directement à des choses externes d'une manière qui est peu ou pas contrainte par le langage machine. C'est cette stylisation doublée d'un élargissement qui permet que les langages informatiques se tournent vers l'extérieur et que les ordinateurs soient utilisés par des non programmeurs pour la manipulation de documents, fichiers, êtres ou organes virtuels, ou encore avatars numériques de tous types. Colburn et Shute ont montré plus récemment que cet élargissement de contenu est absolument général en informatique et qu'il ne procède pas du fait de *négliger* des propriétés mais bien du fait de *masquer* temporairement certaines propriétés [*information hiding*] des entités informatiques en fonction du contexte opérationnel et de la couche logicielle qui a la main, à telle ou telle étape du processus computationnel [2]. Lorsqu'une autre étape du processus est atteinte et/ou qu'une autre couche logicielle prend la main, des informations masquées jusque là peuvent de

---

1. T. Colburn, 2004, *op. cit.*, p. 323.
2. T. Colburn et G. Shute, 2007, *op. cit.*, p. 175-181.

nouveau entrer en jeu : d'où la fécondité et l'importance croissante du découplage des couches logicielles en informatique, inséparable de l'importance du contrôle et de la fiabilité des nécessaires recouplages ultérieurs, en particulier dans des protocoles de communication entre plates-formes matérielles distinctes.

Les ontologies en informatique

Ainsi, le paradigme computationnel et mathématiste en informatique peut être laissé à sa propre relativité, au profit de thèses récentes soutenues par des scientifiques et des philosophes soulignant le fait que les objets de l'informatique peuvent plus avantageusement être conçus en termes d'entités, de propriétés, d'agents et de comportements d'agents. Cette disposition est en fait un passage obligé – caractéristique lui aussi – de l'informatique contemporaine. En effet, la tendance des langages informatiques à se développer dans la direction d'une préadaptation à des domaines précis de compétence ou de savoir (calcul, gestion, traitement de bases de données diverses, conception et utilisation de modèles dédiés…) a pour contrepartie de mener à une babélisation des langages et des systèmes informatiques[1]. Différents termes désignent les mêmes choses. Les mêmes termes désignent des choses différentes. Certaines bases de données ne sont pas compatibles et ne peuvent donc pas se compléter l'une l'autre, etc. Pour lutter contre la tendance à l'idiosyncrasie des modèles développés sur ordinateur pour des applications scientifiques et techniques, par exemple, il faut partir de spécifications des termes

---

1. B. Smith, « Ontology », dans L. Floridi (ed.), 2004, *op. cit.*, p. 158.

informatiques formulées à un niveau à la fois général et transdisciplinaire.

La recherche d'*ontologies informatiques* – *i.e.* de spécifications formelles d'un ensemble de concepts hiérarchiquement ordonnés [1] – participe de cette entreprise en assumant dès le départ les caractéristiques propres aux abstractions informatiques conçues comme élargissement de contenus. Les ontologies sont dès lors des abstractions informatiques qui précèdent la définition d'un modèle particulier ainsi que la programmation à proprement parler. Elles permettent de préparer les modèles supportés par l'ordinateur à traiter de manière stylisée des individus (objets, agents, espaces, représentations…) apparaissant au cours de l'exécution du programme, individus qui ne cesseront dès lors de tomber, de manière cohérente, sous telle ou telle catégorie d'entités. Smith note que ces ontologies n'engagent pas – ou peu – ontologiquement. Elles sont à visée pragmatique en ce qu'elles ne sont pas conçues pour poser la question de la *vérité* du système de catégories qu'elles surimposent. Mais il relève qu'elles peuvent rejoindre certains travaux exploratoires de métaphysique analytique ou ceux, plus ciblés, d'ontologie appliquée, comme il en est en philosophie du droit, du commerce ou de la médecine [2].

---

1. D'après T. Gruber, « Toward Principles for the Design of Ontologies Used for Knowledge Sharing », *International Journal of Human and Computer Studies*, 1995, 43 (5/6), p. 908. Mais, d'après P. Grenon (« BFO : pour la standardisation des ontologies biomédicales OBO », dans M. Roux-Rouquié (éd.), *Biologie systémique – Standards et modèles*, Paris, Omniscience, 2007, p. 102), il s'agit là de la définition d'*idéologie* et non de celle d'*ontologie*. Une ontologie formelle n'est ni une *idéologie* (la caractérisation d'une structure de concepts) ni une *terminologie* (la spécification d'un vocabulaire). Elle est une structuration hiérarchisée d'*objets* ou encore un « système de catégories d'entités » (*ibid.*).

2. B. Smith, 2004, *op. cit.*, p. 162-163.

ORDINATEUR ET SIMULATION : LA MACHINE
À ENTRECROISER LES VOIES DE LA RÉFÉRENCE

Avec cet essor des ontologies conçues comme autant de modes de standardisation pour tout modèle sur support informatique, comme avec la recherche d'une sémantique commune pour les langages informatiques, une partie de la fécondité propre à l'informatique risque cependant d'être de nouveau occultée. Les ontologies assument la surimposition de hiérarchies de concepts dans les modèles assistés par ordinateur. Elles vont certes au-delà de simples syntaxes valant à un seul niveau d'appréhension du domaine cible envisagé. Par là, elles accroissent la communicabilité entre bases de données, les contrôles de cohérence et la reproductibilité des calculs et des simulations sur des plates-formes informatiques distinctes. Les spécialistes en ontologies informatiques insistent sur la cohérence sémantique obtenue par ce biais. Mais s'il s'agit de modéliser par informatique les procédures de construction et de justification des croyances, par exemple, cette contrainte *a priori* est-elle toujours heureuse ? Ainsi, dans une théorie procédurale de la rationalité où certains arguments sont conçus comme sous-démonstratifs et défaisables, à chaque étape de la construction d'une croyance, on ne peut s'attendre à ce que l'inconsistance soit absente. C'est même en ce sens, selon Pollock[1], qu'on peut distinguer la justifiabilité d'une croyance de son assertibilité garantie. La justifiabilité peut se révéler au cours d'une simulation pas à pas basée sur des règles (*simulation algorithmique*). Alors que l'assertibilité garantie peut être vue comme une standardisation conceptuelle *ex post* du

---

1. J.L. Pollock, « Procedural epistemology », dans T.W. Bynum et J.H. Moor, 2004, *op. cit.*, p. 17-47.

chemin de justification qu'a chaque fois constitué la simulation algorithmique en question. Si l'ontologie se surimpose trop tôt dans le processus de modélisation et de simulation, une partie de ce que peut nous découvrir la simulation informatique de la dynamique des interactions entre règles hétérogènes risque d'être lissée et de passer par pertes et profits.

Informatique, simulations et hiérarchies de symboles

Si cette approche par les ontologies est prometteuse dans certains domaines, il ne faut donc pas non plus se contenter d'élargir notre conception de l'informatique simplement en l'assimilant à un traitement automatique d'une hiérarchie de concepts, ces concepts fussent-ils instanciés de manière relativement iconique par des objets ou des agents. En réalité, il est une notion qui revient souvent pour caractériser l'informatique et qui se révèle moins contraignante et plus transversale que celles de langage ou d'ontologie. C'est celle de simulation. Elle est liée dès le départ à celle de computation : la machine de Turing est conçue comme la simulation d'un comportement calculatoire humain totalement explicitable. Nous avons vu combien l'ordinateur peut être vu comme un miroir – plus ou moins déformant – de l'esprit humain. Or, le champ d'application de la notion de simulation n'a cessé de s'élargir et de se développer dans les usages comme dans les conceptions de l'informatique : l'ordinateur devient une machine à tout simuler, et pas seulement l'esprit ou certaines capacités calculatoires ou cognitives. L'ordinateur devient *un miroir pour la nature* et pas seulement pour l'homme. Cela montre la place essentielle de la notion de simulation dans une caractérisation de l'informatique.

Pour bien saisir le rôle clé de la simulation au sens large, il est décisif de prendre la mesure de ce que l'informatique fait en particulier aux modèles mathématiques. Elle en permet, dit-on couramment, la simulation. Que veut-on dire par là? Pourquoi ne pas dire que l'ordinateur calcule le modèle? Si, de plus, le modèle imite déjà, quel sens cela a-t-il de dire que le modèle est simulé par l'ordinateur? Mais, toute simulation est-elle nécessairement une forme d'imitation et, à ce titre, une forme de modélisation?

J'ai montré ailleurs qu'en toute généralité la notion de simulation doit faire intervenir nécessairement non une modélisation directe d'un système cible (réel ou fictif) – fût-elle iconique – mais la mise en œuvre d'au moins un aller-retour entre deux niveaux de symboles, aller-retour lui-même compris dans une procédure générale de symbolisation à la fois externe et interne[1]. La simulation sur ordinateur peut ainsi être caractérisée comme une *stratégie de symbolisation* qui procède au moins en deux étapes : 1) une première étape au cours de laquelle sont effectuées des *opérations sur des entités symboliques, entités symboliques prises comme telles* et supposées dénoter des entités réelles, construites ou fictives de tout type (individus, comportements, règles, espaces, représentations…); 2) une seconde étape d'*observation, de mesure, ou de réemploi mathématique ou algorithmique des résultats de la première étape*, résultats qui, à ce niveau, sont pris comme donnés et sont représentés puis analysés par des moyens de tous ordres (systèmes de visualisation graphique, traitement statistique ou toute autre technique d'évaluation).

1. F. Varenne, 2007, *op. cit.*; D. Phan et F. Varenne, « Agent-Based Modeling and Simulations in Economics and social Sciences : from conceptual exploration to distinct ways of experimenting », *Proc. of EPOS'08, Epistemological Perspectives On Simulations*, 2008, Lisbon, N. David *et alii* (ed.), p. 51-69.

Du fait de la présence de ces deux étapes distinctes, on doit considérer que les entités symboliques dénotant les entités externes sont traitées d'abord comme d'*authentiques symboles* (donnant lieu à des calculs délégables à la machine grâce aux règles combinatoires conventionnelles qui les lient) et ensuite comme des *sous-symboles*[1] relatifs puisque c'est le résultat de leurs interactions qui va être le symbole dénotant principal au cours de la deuxième phase. Ainsi, en simulation pour la mécanique des fluides, les petits éléments de fluide (dits éléments finis) sont des symboles dénotant dont le pouvoir de dénotation effectif ne nous intéresse guère, en réalité. Ce sont des symboles dénotant sans dénotations, comme le symbole « licorne » dans les célèbres analyses de Goodman[2]. Le *chemin de la référence* employé procède bien d'un aller-retour dans la hiérarchie dénotationnelle. Il vaut ici comme un truc de calcul : il s'agit de descendre d'un degré dans la hiérarchie, de calculer pas à pas les interactions, puis de remonter ensuite en faisant mesurer à ce niveau supérieur le résultat de ces interactions. Les simulations dites « numériques » de modèles mathématiques non traitables analytiquement sont des simulations en ce sens précis. Elles ne sont pas des calculs formels de modèles mathématiques ; elles en sont des calculs approchés par simulation et valables dès lors qu'il existe par ailleurs des théorèmes montrant qu'un traitement pas à pas, au niveau des sous-symboles, converge par approximation vers une solution. C'est pourquoi on peut dire qu'elles calculent mais

1. La notion de sous-symbole vient de l'IA connexionniste (Smolensky). Son usage ici n'impose aucun engagement ontologique. Dans notre contexte d'épistémologie de l'informatique, elle est rendue relative car elle est appliquée aux positions relatives des symboles dans la hiérarchie dénotationnelle.

2. N. Goodman, 1981, *op. cit.*, p. 127.

aussi qu'elles simulent (imparfaitement) le modèle, bien que pas de la même manière [1] que le modèle imite (partiellement) le système cible externe.

Variété des simulations sur ordinateur

Une observation plus large des pratiques de simulations sur ordinateur montre leur variété. À côté des simulations numériques, on trouve des simulations qui ne partent pas d'une sous-symbolisation d'un modèle mathématique préalable mais qui partent directement de règles opérant pas à pas. Dans le programme en langage évolué, ces règles sont explicitement représentées comme des opérations élémentaires d'un *algorithme général*. Les symboles de ces règles sont souvent considérés comme ayant un pouvoir dénotationnel plus direct (plus iconique car moins fondé sur des conventions de langage) que ceux des simulations numériques : on peut les représenter, par exemple, comme manifestées dans des agents individués, agents algorithmiques représentant eux-mêmes des individus du système cible. De telles *simulations algorithmiques* sont par exemple le résultat du fonctionnement sur ordinateurs de moteurs d'inférences de système expert, de grammaires formelles à règles syntaxiques (utilisées en linguistique ou en biologie théorique), d'automates cellulaires simples, de systèmes à agents simples (*i.e.* non cognitifs, non situés et à faible nombre d'échelles). Ce sont, de façon générale, les résultats de modèles appelés « computationnels » par les philosophes de l'esprit depuis les années 1960. Les chercheurs qui

---

1. Du fait que le *rapport symbole/sous-symbole* est représenté comme *interne* dans une simulation de modèle, alors que ce même rapport est représenté comme *externe* dans le lien entre le modèle et le système cible.

valorisent exclusivement ce type de simulations sur ordinateur se fondent souvent sur une conception encore réductrice de l'ordinateur – souvent aussi de l'esprit et de l'organisme – qui le représente comme une machine de Turing nue et mono-scalaire (fonctionnant et n'ayant sens ou ne faisant référence qu'à partir d'un seul niveau symbolique), c'est-à-dire comme une machine à appliquer des règles de manière itérative, règles dont le nombre est fini et doit être le plus limité possible. La comparaison directe – et aujourd'hui perçue comme naïve – entre un esprit humain et le programme d'une machine de Turing vient de cette conception réductrice de l'ordinateur. Au motif qu'il fallait se concentrer sur ce que la seule informatique théorique pouvait nous dire, les fonctionnalistes comme leurs adversaires ont ainsi longtemps confondu toute *simulation sur* ordinateur avec une *simulation par* le formalisme de la machine de Turing.

Il en résulte que Putnam lui-même, par exemple, ne prend pas assez conscience du fait qu'il ne suffit pas d'adapter l'argument wittgensteinien de l'absence d'une règle générale pour l'emploi opportun des règles (l'absence d'un « maître-algorithme »[1]) si l'on tient à minorer la pertinence de toute simulation informatique des fonctions interactives et holistiques de l'organisme (cognitives, interprétatives ou autres). Avec plus de recul sur la véritable variété des statuts épistémiques des simulations informatiques, on voit aujourd'hui que c'est le mathématisme originel de Putnam qui l'a fait basculer un peu vite vers un pieux pragmatisme s'autorisant d'arguments en forme de *reductio ad infinitum*[2] sur ces questions. Le

1. H. Putnam, 1988, *op. cit.*, p. 154.

2. « [I]l n'y a absolument aucune raison de penser qu'une théorie universelle de l'interprétation serait quelque chose d'autre qu'une fonction

débat entre les fonctionnalistes et leurs adversaires a cependant eu le mérite de montrer qu'ils devaient, les uns et les autres, se garder d'une part de confondre tout modèle sur ordinateur avec une théorie computationnelle (ou même avec une simple mais impeccable *réalisation* d'une telle théorie, comme le fait encore Putnam), d'autre part, d'affirmer que toute simulation de fonction biologique sur ordinateur ne peut présenter d'apport épistémique qu'au titre d'une simple *simulation algorithmique*.

Car il y a encore d'autres types de simulations sur ordinateur en usage dans les sciences, à côté de la simulation numérique et de la simulation algorithmique. Ce que j'ai proposé d'appeler la *simulation informatique* proprement dite consiste ainsi en une simulation fondée principalement sur un langage informatique évolué et d'intérêt[1]. Au contraire de la simulation algorithmique, au niveau où elle est conçue et programmée, la simulation informatique n'est pas directement fondée sur une série de règles homogènes et appartenant à une même axiomatisation. On a vu précédemment que l'entrecroisement des types et des niveaux de symbolisation était une caractéristique clé des langages évolués. Dans les simulations informatiques, c'est cet entrecroisement qui est mis à profit pour rendre non plus calculable un modèle, mais pour rendre co-calculables une multiplicité de modèles partiels du système cible ou de modèles valant chacun pour telle échelle ou telle perspective de ce système. Une telle simulation informatique a notamment une fonction d'intégration : elle utilise la démultiplication puis l'entrelacs des *voies de la référence* pour rendre

logique infinie de théories spécifiques à l'espèce et à la culture », *ibid.*, p. 157. Autres occurrences de la *reductio ad infinitum* : *ibid.*, p. 153 et 174.

1. F. Varenne, 2007, *op. cit.*, p. 184-199, 208-209.

co-calculables, pas à pas, des modes de symbolisation qui sinon n'auraient pu être traités simultanément, dans un même modèle symbolique.

En 1988, Johnson-Laird écrivait : «L'interprétation de leurs opérations [celles des ordinateurs] et de leurs résultats est du ressort des personnes qui les utilisent. Les philosophes en concluent parfois que les processus mentaux ne peuvent pas être informatisés. Cet argument perdra peut-être de sa force lorsque le maillon manquant sera fourni aux ordinateurs : les processus reliant leurs symboles au monde »[1]. Observons pour notre part que cette objection de la complète extériorité de l'interprétant et le problème corrélatif du retour au monde ou du «maillon manquant» apparaissent crûment seulement si d'une part le rôle dénotationnel des symboles mis en jeu dans un ordinateur a fait l'objet d'une représentation monoscalaire et considérablement simplifiée (notamment sous l'effet des modèles mathématistes et fonctionnalistes de l'informatique) et que, d'autre part, le caractère jugé systématique des rapports entre symboles œuvrant à *l'intérieur* d'un processus de simulation sur ordinateur a été au préalable mythifié au point d'en faire un système clos qui ne dénote le système cible que *via* une seule voie de la référence. Si elle souhaite éviter de tomber dans de nouvelles simplifications, une philosophie de l'informatique doit donc au moins développer une réflexion instruite 1) sur la variété des niveaux de symboles qui y jouent un rôle, 2) sur la complexité et la variété des entrecroisements des voies de la référence, 3) sur la variété des statuts épistémiques propres aux simulations résultant de ces entrecroisements.

---

1. P. Johnson-Laird, 1988, *op. cit.*, p. 39.

Qu'est-ce que l'informatique ?

Au fond, donc, qu'est-ce que l'informatique ? À l'issue de nos réflexions, elle paraît être bien davantage qu'une technologie de traitement automatique et programmable de l'*information*. La notion d'information suppose une emphase exclusive sur les *relations* horizontales entre symboles à l'intérieur d'un langage fixé. Le jeu interne aux hiérarchies dénotationnelles lui échappe. L'informatique est certes une technologie et une discipline permettant de déléguer à la machine des opérations programmées et itérées entre symboles de mêmes niveaux. Mais elle permet aussi de jouer sur le pouvoir dénotationnel de ces symboles en opérant sur les changements de niveaux de la référence (leur référence pouvant être un autre ou plusieurs autres symboles). Elle permet alors des hybridations de symboles et se fonde pour cela sur des procédés de sous-symbolisation et de simulation. Le calcul numérique lui-même, on l'a vu, n'est qu'un mode de simulation parmi d'autres. Il opère *via* une bifurcation et un enchaînement de deux voies de la référence, voies tour à tour de concrétisation et d'abstraction. Fondée au départ sur une nécessité de déléguer des calculs numériques, l'informatique va au-delà du calcul en ce qu'elle renouvelle constamment et complexifie ses modes de jeux sur les niveaux de symboles. Elle se révèle donc plus fondamentalement *une technologie (dans son caractère instrumental et de délégation opératoire) et une discipline (dans ses versants cognitifs et théoriques) de démultiplication, d'entrelacement, d'application (par exemple dans la confrontation des résultats des interactions de ces symboles à des données réelles) et/ou de condensation des voies de la référence*. Plus brièvement : elle est une *technologie d'entrecroisement automatique et programmable des voies de la référence*. À ce titre, on comprend mieux qu'elle ne concerne pas seulement des problèmes techniques de computation effective mais tout aussi directement des questions de philosophie de l'esprit, de philosophie du langage, voire d'ontologie appliquée ou d'esthétique[1]. Et on ne peut que souscrire au pronostic de T. Colburn et B. Smith lorsqu'ils prévoient l'un et l'autre que les rapports entre informatique et philosophie vont continuer à la fois à se diversifier et s'intensifier[2].

---

1. E. Couchot et N. Hillaire, *L'art numérique*, Paris, Flammarion, 2003.
2. B. Smith, 2004, *op. cit.*, p. 163 ; T. Colburn, 2004, *op. cit.*, p. 326.

TEXTES ET COMMENTAIRES

TEXTE 1

J. von Neumann
Théorie générale et logique des automates [*]

Le rôle de la procédure digitale dans la réduction du niveau de bruit

La différence importante entre le niveau de bruit d'une machine digitale, comme nous venons de le voir, et celui d'une machine analogique n'est pas du tout qualitative. Nous l'avons souligné plus haut : le niveau de bruit relatif d'une machine analogique n'est jamais inférieur à 1 sur 10^5, et souvent s'élève jusqu'à 1 sur 10^2. Dans une machine digitale à 10 chiffres comme celle que nous venons de voir, le niveau de bruit relatif dû à l'arrondi est de 1 sur 10^{10}. La véritable importance d'une procédure digitale réside donc bien dans sa capacité à réduire le niveau de bruit dû au calcul dans des

[*] J. von Neumann, « The General and Logical Theory of Automata » (1948), dans L.A. Jeffries (ed.), *Cerebral Mechanisms in Behavior*, New York, Wiley and Sons, 1951 ; trad. fr. J.-P. Auffrand, dans *Théorie générale et logique des automates*, Seyssel, Champ Vallon (publiée avec une présentation de G. Chazal), 1996, p. 72-73.

proportions qui sont complètement inaccessibles dans toute autre procédure (analogique). En outre, il est de plus en plus difficile de réduire le niveau de bruit dans une machine analogique alors que c'est de plus en plus facile pour une machine digitale. Dans une machine analogique, une précision de 1 sur 10^3 est facile à obtenir, mais 1 sur 10^4 est difficile à obtenir, 1 sur 10^5 très difficile et 1 sur 10^6 impossible dans l'état actuel de la technologie. Dans une machine digitale, les précisions ci-dessus signifient simplement qu'on construit une machine capable de traiter des nombres de 3, 4, 5 ou 6 chiffres. Ici le passage d'un niveau de précision au suivant est en fait de plus en plus facile. Le passage d'une machine à 3 chiffres (si tant est qu'on désire jamais une telle machine) à une machine à 4 chiffres est une augmentation de 33%; le passage de 4 à 5 chiffres est une augmentation de 25%; de 5 à 6 chiffres, on augmente de 20%. Passer de 10 à 11 chiffres n'est qu'une augmentation de 10%. Il est clair qu'il s'agit là d'un milieu tout à différent, du point de vue de la réduction du «bruit aléatoire», de celui des processus physiques. C'est ici, et non dans sa fiabilité absolue, mais sans intérêt pratique, que réside l'importance de la procédure digitale.

COMMENTAIRE

Pourquoi lire von Neumann ?

J'ai choisi ce texte car il soutient une thèse au sujet de ce qui fonde la nécessité de l'informatique comme instrument de calcul et, plus largement, comme instrument épistémique. Or, cette position précise a été très souvent occultée ou mal comprise. De cette incompréhension ont notamment résulté les conceptions réductrices de l'informatique qui la représentent avant tout comme une technologie du calcul logique impeccable. Dès 1948, von Neumann soutient pourtant que c'est dans sa capacité à réduire le niveau de bruit qu'il faut voir l'apport essentiel de la procédure digitale en mathématiques appliquées, mais aussi en toute forme de modélisation effective à venir : ce qui rend les calculateurs numériques programmables désormais nécessaires – et donc l'informatique –, c'est cette supériorité qu'ils ont, par rapport aux calculateurs analogiques, de réduire considérablement le rapport « bruit sur signal » (*Noise/Signal* ou N/S, présenté plus couramment aujourd'hui par son inverse, le rapport S/N).

Vingt ans plus tard, dans *Langages de l'art*, Goodman donne l'impression de ne pas tomber dans le piège et d'avoir mieux compris que d'autres ce passage clé. Dans son chapitre

4, Goodman affirme d'abord que les calculateurs numériques présentent un système digital et donc un système notationnel car 1) ce système présente une indifférence de caractères (des marques proches appartiennent au même caractère), 2) il est discontinu, 3) ses caractères sont en corrélation biunivoque avec les classes de concordance d'un ensemble discontinu et 4) il est supposé être totalement différencié syntaxiquement et sémantiquement[1]. On s'attend alors à ce qu'il mette en avant l'infaillibilité de l'informatique du fait qu'elle est censée reposer entièrement sur un tel système notationnel[2]. Mais Goodman s'associe en partie et explicitement à la thèse soutenue par von Neumann lorsqu'il admet ensuite que la supériorité des ordinateurs ne tient pas au fait qu'ils sont capables d'une précision absolue. Cependant, il interprète la réserve de von Neumann dans les termes suivants : « ceci [le fait d'être capable d'une précision absolue] n'est vrai que dans la mesure où la tâche de l'ordinateur digital est de compter tandis que celle du calculateur analogique est d'enregistrer une position absolue sur un continuum »[3]. Autrement dit, selon Goodman, la réserve de von Neumann reviendrait à dire que les ordinateurs ne peuvent prétendre en général avoir une précision absolue car ils ne peuvent prétendre l'avoir que dans de rares

1. N. Goodman, *Languages of Art : An Approach to a Theory of Symbols*, Indianapolis, Bobbs-Merrill, 1968; trad. fr. *Langages de l'art*, Paris, J. Chambon, 1990, réimp. Hachette-Pluriel, 2006, p. 196.

2. Thèse contestable : l'indifférence de caractère et la différenciation sémantique peuvent être montrées fausses à un certain niveau d'abstraction des entités informatiques, cela à cause du nécessaire – et fécond – masquage d'information (*information hiding*). Sur le fait que les simulations informatiques n'ont pas en général la nature d'une notation, voir D. Phan et F. Varenne, 2008, *op. cit.*

3. N. Goodman, 2006, *op. cit.*, p. 196-197.

cas : à savoir dans les cas où on les cantonne au rôle de simples calculateurs sur des entiers.

Lorsqu'on relit la *Théorie générale et logique des automates*, il est frappant de constater que c'est précisément en partant de cet exemple d'un calcul numérique sur des entiers que von Neumann entend montrer l'inverse de ce que veut soutenir ici Goodman : von Neumann entend montrer que *même et surtout dans le cas simple du calcul sur des entiers, l'ordinateur ajoute du bruit au signal, mais que, malgré cela, cet ajout de bruit est moindre que dans le cas d'un calculateur analogique*. Non content de cette première distorsion interprétative, Goodman développe ensuite ce qui lui apparaît être les véritables raisons positives qui président à l'essor de l'ordinateur. En flagrant contraste, là aussi, avec ce que montre von Neumann au sujet des ordinateurs, Goodman affirme que les « vertus réelles des instruments digitaux sont celles des systèmes notationnels : caractère défini et répétabilité des lectures » tandis que les « instruments analogiques peuvent offrir une sensibilité et une flexibilité plus grandes »[1]. Il y a trois difficultés que l'on peut opposer à cette argumentation. Tout d'abord, si par flexibilité, on doit entendre la variété des relations entre caractères puis des traitements de leurs relations (ce que von Neumann appelle la « souplesse logique »[2] dans les pages qui précèdent le passage cité ici), von Neumann avait montré que la procédure digitale reposant sur la conception d'éléments discrets de type boîtes noires ouvrait au contraire les perspectives d'une complexification de la modé-

---

1. N. Goodman, 2006, *op. cit.*, p. 197.
2. J. von Neumann, *Théorie générale et logique des automates*, 1996, *op. cit.*, p. 64.

lisation des organisations où interviennent des interactions diverses entre éléments présents en grand nombre. Ensuite, le lecteur de von Neumann ne peut qu'être frappé par le fait que le caractère défini et la répétabilité des lectures (qui importent certes si l'on souhaite obtenir ce que Goodman appelle l'*identité de performance* : ainsi de la notation musicale) n'est pas la préoccupation majeure des mathématiques appliquées dans ce domaine, à la différence du contrôle de l'erreur pas à pas (car chaque pas compte) qui pose justement le problème crucial du contrôle de la précision dans les calculs numériques. Enfin, les instruments analogiques sont censés apporter une sensibilité plus grande selon Goodman, car, dit-il, « nous ne sommes pas entravés par une limite inférieure arbitraire de discrimination » [1]. Or, c'est une approche dynamique, en dernier ressort, qui permet à von Neumann de soutenir l'inverse de cette thèse naïve sur la supposée supériorité en sensibilité des instruments analogiques. Même si l'on ne s'en tient pas aux ordinateurs proprement dits et que l'on objecte que Goodman n'a finalement ici en vue que des instruments de mesure et non l'informatique proprement dite, on peut affirmer que l'avenir a donné en grande partie raison à von Neumann quant à ce qui concerne aussi la sensibilité supérieure des capteurs numériques (images, sons, …).

On peut certes objecter que Goodman parle des ordinateurs abstraits, qui plus est figés dans des formats limités donnés, non des ordinateurs qui existent concrètement. Mais dire cela c'est avouer que l'on retrouve ici, sous une autre forme encore, l'erreur de concevoir le principe d'une machine concrète (c'est-à-dire ce qui fonde sa nécessité) dans une

---

1. N. Goodman, *Langages de l'art*, 2006, *op. cit.*, p. 197.

machine abstraite conçue elle-même comme l'unique « symbole du mode d'action »[1] de cette machine concrète. Goodman fait par exemple l'économie des considérations sur la taille limitée de la mémoire alors même que c'est ici un pivot de l'argumentation de von Neumann, en particulier lorsqu'il s'agit de démontrer, comme on le verra, que *ce n'est pas dans la fiabilité absolue que réside l'importance de la procédure digitale*. On peut encore objecter qu'après tout, ce n'est pas le rôle de la philosophie de parler d'autres choses que de modèles abstraits de choses. Le problème est que, moyennant cette approche abstractive, Goodman est amené à formuler des thèses fausses sur le fondement de l'informatique telle qu'elle existe. Il ne parle donc pas réellement de l'informatique en prétendant nous en parler. Il est donc urgent de lire von Neumann. Que dit réellement ce texte ?

Situation et objet de ce texte

Quelle est d'abord sa situation dans la séquence argumentative de ce court opus que constitue la *Théorie générale et logique des automates* (*TGLA*) ? La simplicité de style de la *TGLA* ne doit pas masquer sa concision voire son laconisme, sa complexité parfois, son caractère arborescent, ni la multiplicité de ses thèmes. Le statut de la *TGLA* est à égale distance d'un *work in progress*, d'un manifeste et d'un texte pédagogique. Von Neumann l'écrit au moment où il conçoit sur le papier ses premiers automates auto-reproducteurs. La *TGLA* fournit ainsi un ensemble de réflexions argumentées à l'intersection entre des considérations sur la poursuite de la simu-

1. L. Wittgenstein, *Recherches philosophiques*, 1953, § 192-193.

lation de la pensée sur ordinateur (suivant le modèle de la
machine de Turing dont von Neumann rappelle opportuné-
ment qu'elle ne simule rien d'autre que le type de procédure
mécanique que nous même – être vivant et calculant – utilisons
pour calculer), sur la simulation du cerveau par des réseaux de
neurones formels (suivant le modèle des réseaux d'automates
logiques de Pitts et McCulloch, cette fois-ci), sur les types de
complexité que présentent les êtres vivants par comparaison
avec les automates artificiels et sur la possibilité de réaliser des
automates artificiels simulant suffisamment les organismes
vivants au point d'être auto-reproducteurs. Von Neumann
prend une certaine hauteur de vue sur tous ces sujets en posant
les questions au niveau des principes et de la théorie. Il se pose
ainsi la question de savoir si une *théorie générale des automates* est constructible qui déborderait l'algorithmique ou
même les théories de la complexité algorithmique – qui se
développent déjà par ailleurs – en intégrant notamment une
théorisation des erreurs probables introduites par les automates eux-mêmes. Cela permettrait de comparer les automates artificiels et les êtres vivants, notamment dans leurs
traitements de l'erreur. Il pense déjà bien sûr à la simulation,
par automates, du fonctionnement du cerveau.

C'est au début de la *TGLA* que von Neumann tient à rappeler
les principes des automates digitaux que sont les calculateurs
numériques programmables. Il montre ce qui les fonde, ce
qui explique qu'ils sont nécessaires, ce qu'ils apportent déjà
en propre à ce que von Neumann se représente comme une
ébauche de théorie générale des automates. Or, von Neumann
assume aussi dès le départ la comparaison entre automates
artificiels et organismes vivants, y compris déjà pour les calculateurs digitaux. Il soutient l'idée, à première vue singulière,
qu'il y a une analogie entre le rôle des automates de calcul

numérique en mathématiques appliquées et le rôle d'analogues fonctionnels qu'ont en général les automates artificiels par rapport aux organismes vivants. Il faut comprendre que le pivot de l'analogie tient ici dans ce que von Neumann appelle la «procédure axiomatique»: l'approche discrétisée, en mathématiques, comme l'approche de modélisation du vivant par éléments individués puis par axiomatisation de leur seule organisation fonctionnelle (leurs relations et leurs dynamiques) sont toutes deux des approches dans lesquelles 1) on décompose un substrat complexe en un grand nombre d'éléments plus simples, 2) on suppose la simplicité inanalysée des éléments – qui apparaissent alors comme des «boîtes noires» à leur échelle – et 3) on travaille uniquement sur la dynamique que permet l'axiomatisation de leurs relations réciproques. Le calcul numérique lui-même se fonde bien ainsi sur une relation de simulation en ce qu'il installe un rapport entre des éléments symboliques et un substrat mathématique, rapport identique à celui qui existe entre un automate artificiel simulant un organisme vivant et cet organisme. Von Neumann ne perd donc jamais de vue le caractère de simulation de tout calcul délégué à un automate de calcul.

Pourtant, en 1948, s'il s'agit de mener des recherches heuristiques – finalement traditionnelles – sur les organisations complexes des organismes vivants en passant par la conception puis la théorisation du fonctionnement d'automates artificiels, les automates de calcul ne s'imposent pas, à première vue, comme de bons candidats pour cette entreprise. S'il faut mesurer la complexité et la souplesse dans la capacité à modéliser les organismes vivants au nombre des éléments en jeu, les automates de calcul de l'époque ne font pas le poids par rapport à certains automates mécaniques ou électriques dédiés à d'autres tâches et qui peuvent présenter jusqu'à

10^6 (1000000, un million) pièces élémentaires. Mais von Neumann indique que leur complexité n'est pas là : les automates de calcul numérique représentent déjà le plus haut degré de complexité au sens « où ils produisent les plus longues chaînes d'événements qui se déterminent et se suivent les uns les autres »[1]. La complexité des automates de calcul numérique est inédite. On doit la mesurer non au nombre d'éléments interagissant dans la machine (bien que, de nos jours, les systèmes informatiques soient également devenus les automates qui présentent le plus grand nombre d'éléments), mais à *la longueur des chaînes d'événements élémentaires pour lesquelles chaque événement ne peut être négligé et compte autant que tous les autres*. On peut se figurer une telle situation en pensant, par exemple, à l'image d'une très haute pile de livres en équilibre. C'est bien cette qualité que l'on recherche aussi en mathématiques appliquées lorsqu'il faut à tout prix une précision accrue dans les résultats de calculs : la précision et la fiabilité dans l'enchaînement d'un très grand nombre d'opérations. C'est ce qui explique que les ordinateurs aient vu le jour dans les grands centres de calcul scientifique.

L'événement élémentaire est ici la multiplication en notation binaire. Elle vaut comme un pas de calcul simple. Et von Neumann commente : « je ne vois aucun autre champ de l'action humaine où le résultat dépende d'une série d'un milliard de pas [série nécessaire pour conserver la précision de 10 chiffres décimaux], dans aucun artefact, et qui, de plus, ait la caractéristique que chaque pas soit effectivement important, ou au moins ait une forte probabilité d'être effectivement

---

1. J. von Neumann, *Théorie générale et logique des automates*, 1996, *op. cit.*, p. 65.

important »[1]. Là est donc la véritable spécificité de la complexité des automates numériques de calcul.

C'est le rapport bruit sur signal qui permet de mesurer la précision d'un calcul. Le signal est ici le résultat désiré. Le bruit est la valeur absolue de la soustraction entre ce signal désiré et le résultat affiché par le calculateur. Pourquoi ne doit-on plus employer les calculateurs analogiques lorsqu'on désire un grand nombre de signes significatifs pour la précision du calcul ? Il faut comprendre que la réponse ne va pas de soi et qu'elle mérite une analyse. Dans ces calculateurs, le principe de la représentation des nombres est analogique du fait que *les nombres sont représentés par des quantités physiques* (intensité, tension électrique, angles de rotation sur un axe, etc.). Il en résulte que la source du bruit est présente dès le stade de l'opération élémentaire : aucune opération élémentaire n'y est totalement dépourvue de bruit. De plus, la valeur de ce bruit est, par construction, variable et inconnue. Elle doit donc être représentée et traitée, dès l'étape élémentaire, en termes statistiques. Cependant, de tels calculateurs peuvent présenter une très bonne précision dans le résultat final, malgré la contribution de tous ces bruits élémentaires venant des opérations élémentaires. Ces automates ne sont donc pas à rejeter au motif simplement qu'ils seraient imprécis alors que les automates numériques seraient d'une précision absolue. L'analyse comparative est plus complexe et doit se poursuivre.

Le principe des calculateurs numériques est que *les nombres y sont représentés par des ensembles de chiffres*. Par là, ils simulent une pratique de calcul mécanique qui nous

1. J. von Neumann, *Théorie générale et logique des automates*, 1996, *op. cit.*, p. 66.

est propre. La différence principale réside dans le fait qu'en choisissant plutôt la notation binaire pour la simulation du calcul mécanique des quatre opérations usuelles (addition, soustraction, multiplication, division), le choix a été fait de rendre encore plus simples et élémentaires les opérations qui sont réalisées par l'automate. Au sujet des calculateurs numériques, von Neumann prévient immédiatement l'erreur qui consisterait à croire qu'une telle machine digitale détient la précision absolue, cela à la différence des calculateurs analogiques : « ce n'est pourtant pas le cas, comme nous allons le voir » [1]. L'objet des deux pages qui suivent et, en particulier de notre texte, est donc là. *Il s'agit de démontrer une thèse doublement paradoxale : non, les calculateurs numériques ne sont pas d'une précision absolue ; mais, oui, il faut tout de même les préférer aux calculateurs analogiques et il faudra durablement les préférer pour tout type de simulation future.*

Analyse du texte

Avant de lire de près ce texte, il me faut encore ajouter une information de manière à en faciliter l'interprétation. L'extrait présenté ici fait allusion à l'exemple sur lequel se fonde tout le passage et qui permet de rendre l'argumentation substantielle. Il s'agit de l'exemple d'une machine digitale opérant sur dix chiffres. Il y a deux possibilités. Dans le cas où cette machine possède la capacité de calculer, mémoriser et inscrire un nombre de 20 chiffres, le résultat de toute multiplication sera exact. Car toute multiplication de deux nombres de 10 chiffres ne peut occuper au maximum que 20 chiffres. Le résultat sera

---

1. J. von Neumann, *Théorie générale et logique des automates*, 1996, *op. cit.*, p. 70.

donc toujours donné sans erreur, sauf si les composants de la machine sont défectueux. Sur ce point, et avec cette restriction essentielle, la remarque de Goodman peut se justifier. Car on voit que toute opération élémentaire, du fait de son caractère discret et du fait qu'elle opère sur des notations discrètes, possède en elle le pouvoir de supprimer le bruit qu'elle pourrait sinon ajouter : *le caractère discret de l'opération élémentaire la rend auto-correctrice*. Ce qui est effectivement un avantage que l'on recherche à ce niveau-là. Dans ce cas, et dans ce cas seulement, le calcul peut s'effectuer sans la moindre erreur. Au contraire de ce qui se passe dans les calculateurs analogiques donc, l'erreur – si erreur il y a – ne peut pas être due ici au fonctionnement normal du calculateur.

Mais, dans les conditions normales d'utilisation d'un calculateur numérique, cet avantage ne demeure pratiquement jamais intact. Et c'est là que Goodman oublie l'informatique réelle. Considérons en effet la deuxième possibilité : dans le cas où la machine n'est conçue que pour manipuler des nombres de 10 chiffres, il faudra qu'elle néglige les 10 derniers chiffres sur un nombre de 20 chiffres. Elle donnera ainsi un résultat tronqué ou *arrondi* et non le résultat précis. On peut objecter qu'il suffit de concevoir des machines réelles qui n'acceptent en entrée que des nombres à n chiffres et qui calculent ensuite sur 2n chiffres. Mais ce qui serait ponctuellement valable pour la multiplication ne le serait de toute façon pas pour la division : très souvent, une division – y compris entre entiers – ne tombe pas juste et nécessite un arrondi, même si elle ne s'effectue qu'entre nombres à n chiffres. De façon générale, pour diviser, on a besoin d'un nombre indéterminé de chiffres

pour indiquer le résultat exact[1]. Le cas où le nombre de 2n
chiffres est dépassé est donc le cas courant pour le fonctionnement d'un calculateur numérique opérant sur des nombres
de n chiffres. Von Neumann ne prend donc pas ici un contre-
exemple rhétorique ou tiré par les cheveux. D'autre part, si
l'on veut qu'une machine puisse opérer en acceptant en entrée
certains des résultats de ses propres opérations (ce qui est le
minimum que puisse faire un automate de calcul programmable dès lors qu'il procède par itérations), il n'est pas réaliste
de croire qu'on puisse aisément imposer que le nombre de
chiffres en entrée soit limité de manière à ce que la précision
demeure absolue. Si bien qu'il faut conclure ceci : « quel que
soit le nombre maximum de chiffres pour lequel la machine a
été conçue, ce maximum en sera atteint, tôt au tard, au cours
des multiplications successives »[2], indépendamment même
des problèmes propres aux divisions. Au total, il apparaît que
l'exemple choisi est bien représentatif de la situation qui
caractérise tout calculateur numérique concret.

Dans les lignes qui précèdent notre texte, von Neumann
fait remarquer que, contrairement à ce que l'on pense souvent,
toutes ces analyses préalables permettent d'affirmer qu'un
calculateur numérique est exactement dans la *même situation
qualitative* qu'un calculateur analogique. C'est-à-dire que,
dans la plupart des cas, il ne manifeste pas de précision absolue
et il occasionne, comme lui, des erreurs de calcul systéma-

1. Certes, pour les divisions d'entiers, les parties décimales des quotients
présentent des phénomènes cycliques. Mais les prendre en compte nécessite
tout de même des complications de notations et notamment des notations de
nombres sur plus de 2n chiffres.

2. J. von Neumann, *Théorie générale et logique des automates*, 1996,
op. cit., p. 71.

tiques. Ces erreurs d'arrondis sont systématiques en un autre sens qu'elles le sont pour le calculateur analogique : elles ne sont pas de nature intrinsèquement stochastiques. Mais von Neumann précise que leur mode de détermination est si compliqué et irrégulier qu'on peut les traiter comme quasi-aléatoires. C'est d'ailleurs une des raisons pour lesquels les calculateurs numériques peuvent simuler le tirage de variables aléatoires calculées pourtant de manière purement arithmétique et déterministe. Rappelons que von Neumann s'est illustré aussi dans la conception d'algorithmes de calcul simulant le tirage de variables obéissant à des lois probabilistes fixées.

C'est à ce stade précis de l'argumentation que les deux thèses successives que soutient notre extrait de texte peuvent apparaître. Elles sont destinées à avoir une portée tour à tour actuelle, puis diachronique et enfin principielle. Actuelle tout d'abord : d'ores et déjà, la véritable importance de la procédure digitale réside dans sa capacité à réduire le niveau de bruit dans des proportions inaccessibles à toute procédure analogique. Diachronique puis principielle ensuite : lorsqu'il s'agira, dans les temps futurs, d'améliorer les performances en précision des uns et des autres, il apparaîtra que ce sera de plus en plus facile pour les calculateurs numériques et de plus en plus difficile pour les calculateurs analogiques ; il faut donc *dès maintenant* faire le choix du tout numérique. Il est vain d'espérer que la courbe de progrès en précision de l'analogique change de nature. Ainsi, la thèse 2 consolide la thèse 1 en montrant qu'elle se *confirmera* toujours plus à l'avenir, et cela *par principe*. Pour von Neumann, il est en effet important de saisir que ces thèses ne sont pas contingentes. Elles ne sont pas liées à la technologie du moment. Elles se fondent sur des *arguments de principe*, tout en faisant fond sur la réalité des substrats, le caractère concret des techniques concernées et l'effectivité – en ce sens – des calculs mis en œuvre.

Thèse à portée actuelle

Avant d'aborder les arguments de principe, il faut se pénétrer de l'idée que *les niveaux de bruit introduits par les calculateurs numériques et analogiques ne diffèrent pas de manière qualitative :* on ne peut dire qu'il y a d'un côté un signal pur, sans bruit, comme désincarné, réalisant impeccablement les abstractions que les programmes informatiques décrivent, et de l'autre, un signal imparfait, rugueux, naturellement chargé de toutes les vicissitudes et de tous les aléas que semble imposer toute existence ou coexistence dans le monde physique. On doit par conséquent lire ce texte avec ce mot d'ordre : il faut trouver ailleurs ce qui fait la nécessité du développement de l'informatique, c'est-à-dire ce qui la fonde véritablement et qui permettra aussi d'en indiquer la véritable spécificité. Il faut trouver des arguments de principe mais qui ne s'appuieront pas pour autant sur des caractéristiques qualitatives. Ce qui, remarquons-le, constitue un défi pour la philosophie de la connaissance.

Si l'argument ne peut porter directement sur une caractéristique qualitative, il reste à évoquer des caractéristiques quantitatives. Von Neumann rappelle que les calculateurs analogiques de l'époque ne peuvent présenter un rapport N/S d'une valeur inférieure à $1/10^5$, soit 1/10000. Cela signifie que lorsque le signal a une valeur de 10000, le bruit ne peut être inférieur à 1. Donc le résultat affiché sera au mieux entre 9999 et 10001. Ce rapport est une borne inférieure déjà très favorable : il vaut pour une opération élémentaire et non pour des résultats finaux, autrement plus complexes, et pour lesquels il y aurait en réalité accumulation de tels bruits élémentaires[1]. Von Neumann s'installe ainsi dans la fourchette haute en évoquant un cas *a priori* peu favorable à la thèse qu'il va défendre. Il utilise par là un argument de type *a fortiori*. C'est sa manière de rendre conclusive une comparaison quantitative ponctuelle : si les calculateurs numériques font déjà mieux que ce rapport qui est déjà le meilleur pour les calculateurs analogiques, alors les calculateurs numériques sont d'ores et déjà plus performants.

Comment von Neumann nous montre-t-il qu'ils sont effectivement plus performants d'un point de vue quantitatif? En utilisant son exemple précédent qui a l'avantage de pouvoir être tout à fait explicite, au contraire de l'argument d'autorité (du type « je vous informe que le meilleur rapport N/S est de $1/10^5$ ») et des simples allusions qu'il est obligé de faire, en revanche, au sujet des performances des calculateurs numériques, du fait de la diversité et de la complexité de leurs sources de bruit. Soit donc ce calculateur numérique opérant sur dix chiffres et ne donnant des résultats que sur dix chiffres également : en tout état de cause, l'effet de l'arrondi ne se fera ressentir que sur le onzième chiffre. Le signal bruité se situera donc toujours dans une fourchette de $10^{10} \pm 0.999999\ldots$, c'est-à-dire de $10^{10} \pm 1$. Rapporté au signal, le niveau de bruit est donc bien, quant à lui, de 1 sur 10^{10}. Sur cet exemple simple et dont on peut imaginer qu'il correspond à un cas d'ordinateur qui peut encore aisément être amélioré, on doit conclure que la capacité de réduction du niveau de bruit dans les machines

---

1. J. von Neumann, *Théorie générale et logique des automates*, 1996, *op. cit.*, p. 69.

digitales est bien supérieure à celle qui existe dans les machines analogiques. Le niveau de bruit y est au moins cent mille fois moindre, car on a ici $1/10^{10} = (1/10^5)/100000$.

Thèse de principe

On pourrait objecter à von Neumann que cet argument est contingent puisqu'il est lié à un état de la technique et de la technologie propre à son époque. On accepterait qu'il ait transformé un exemple quantitatif en un argument qualitatif; et on conclurait avec lui qu'il faut, *à son époque*, préférer les calculateurs numériques. Mais on pourrait encore objecter qu'il a fourni là un argument dépendant des circonstances, non un argument de principe. Qui nous dit que les technologies analogiques ne vont pas supplanter de nouveau les technologies numériques, comme von Neumann sait bien qu'elles le firent déjà dans le passé? *C'est l'objectif du second mouvement argumentatif de ce texte de rendre principielle une thèse qualitative* qui peut sinon sembler valoir dans des circonstances purement contingentes.

Soutenir cette thèse ne revient pas à dire qu'on ne pourra pas faire progresser les techniques analogiques ni que les techniques digitales les ont définitivement dépassées. Elle repose plus subtilement sur une *comparaison des dynamiques de progrès* des différentes technologies en présence. Remarquons que de telles considérations sont assez courantes dans le domaine de l'ingénierie en ce qu'elles permettent d'évaluer le potentiel d'une technologie naissante au regard de technologies existantes. Ces comparaisons peuvent porter sur différentes dimensions d'intérêt. Ici, il ne s'agit pas d'une comparaison purement pragmatique (économique) entre l'évolution des coûts de ces technologies. Mais il s'agit de l'évaluation de la *facilité* avec laquelle on pourra à l'avenir faire progresser une technologie *en tant qu'elle remplit essentiellement la fonction d'instrument épistémique*, à savoir celle d'un calculateur à haute précision. C'est sur ce bord que les considérations d'ingénierie touchent – jusqu'à les rejoindre – des considérations d'épistémologie, en particulier celles qui énoncent le bon usage des formalismes et de ces instruments automates mi-matériels mi-formels que sont les calculateurs numériques. Il apparaît en effet que les courbes de progression des performances (en termes de niveau de bruit) rapportées au niveau de facilité se croisent et sont, pour l'une monotone décroissante, pour l'autre monotone croissante.

En effet, une précision de $1/10^3$ est facile à obtenir dans une machine analogique. Or, cela correspond à une machine digitale capable de traiter des nombres sur 3 chiffres. Ce qui est également facile à mettre en œuvre. Mais, par la suite, les niveaux de facilité divergent. Von Neumann, en nous donnant les premiers rangs d'une suite (« 3, 4, 5 ou 6 chiffres »), nous montre que la relation aperçue précédemment avec l'exemple sur 10 chiffres peut être généralisée au moyen d'un *raisonnement par récurrence* qui se formule ainsi : *demander à une machine analogique qu'elle ait une précision de $1/10^n$, c'est demander que sa concurrente digitale directe opère sur des nombres codés sur n chiffres.* Par cette relation de récurrence, le point de comparaison peut être constamment maintenu. Il peut valoir donc *en principe*. Et les considérations quantitatives ponctuelles précédentes peuvent être montrées principielles. À côté de cette relation qui permet de maintenir le point de comparaison, il y a l'évolution contrastée des niveaux de facilité pour les précisions croissantes demandées : alors que l'amélioration de la précision des machines analogiques est, en principe, toujours plus difficile à obtenir, c'est l'inverse pour les machines digitales.

Les machines analogiques manipulent en effet des quantités physiques. Elles les traitent constamment comme telles. Elles devront donc toujours prendre en compte le bruit irréductible que subissent ces quantités, cela quelle que soit la qualité de la technologie qui les met en œuvre. Or, ce bruit se manifeste toujours, au moins au niveau de la *mesure* de ces quantités physiques (d'où la théorie des erreurs de mesure développée depuis Gauss). Il en résulte que le fait de passer d'un niveau de précision à un autre deviendra de plus en plus difficile, dans l'absolu mais aussi relativement au niveau de précision atteint précédemment : la relation n'est donc pas même arithmétique et décroissante, elle est probablement au moins géométrique et rapidement décroissante. En revanche, pour une machine digitale, une autre relation de récurrence, plus favorable, est constructible. Elle exprime le niveau de facilité de l'opération d'augmentation de la précision pour chaque passage d'un degré du niveau de bruit $1/10^n$ à un niveau de bruit de $1/10^{n+1}$. Pour le rang 3, von Neumann précise qu'on a une « augmentation de 33% ». Qu'est-ce que cela signifie ? Il faut comprendre qu'il parle ici de l'augmentation de l'effort technique et technologique nécessaire : or, cet effort est *toujours le même* dans l'absolu. Pour chaque transition, à chaque fois, il s'agit d'ajouter seulement une case mémoire, ou une même et unique série de cases. Etant toujours de même nature, cet effort a donc *un poids relatif qui va en diminuant*. La nouvelle relation de récurrence est alors la suivante : pour passer d'une machine à $1/10^n$ de niveau de bruit à une machine à $1/10^{n+1}$ de niveau de bruit, il faut faire l'effort d'ajouter une case aux n cases déjà présentes, d'où un effort relatif de 1/n pour cette transition. Dit autrement : *par rapport* aux n cases déjà présentes, on n'en ajoute toujours qu'*une* ; d'où le rapport de 1 sur n. Dans le cas du passage de la machine à 3 chiffres à la machine à 4 chiffres, par exemple, l'effort doit être augmenté de 1/3, soit 33%. On comprend alors que plus n sera grand, plus la transition sera aisée, et cela, *par principe*. Pour la machine à 10 chiffres, cela constituera une augmentation de l'effort de 10%.

Conclusion et commentaire

Que conclure de cette séquence de thèses? Il apparaît dans un premier temps qu'il faut changer notre regard traditionnel sur ce qui fait la supériorité de principe de la procédure digitale. Ce n'est pas à la seule vue du caractère (partiellement) notationnel de cette procédure que l'on peut définitivement – ni dans tous les cas – trancher au sujet de sa supériorité en tant qu'instrument épistémique. Si par cette focalisation sur la notation digitale, on entend désigner un type de calcul absolument fiable, on fait fausse route dès qu'on l'associe en même temps à autre chose qu'à une machine abstraite (à bande de Turing infinie, etc.). Quant à ce qui concerne les machines réelles, celles de l'informatique donc, von Neumann montre dans un premier temps qu'il n'y a pas de différence qualitative en termes de présence de bruit : les machines informatiques comme les machines analogiques créent et propagent du bruit. Ce n'est donc pas là que réside la véritable importance de la procédure digitale, et avec elle, de l'informatique. Von Neumann ajoute même que cette fiabilité absolue est « sans intérêt pratique ». Plus exactement, dit-il, elle n'est « pas effective, en pratique »[1]. Il mène donc bien son raisonnement au regard des procédures effectives de calcul.

---

1. « It is here and not in its *practically ineffective absolute reliability* that the importance of the digital procedure lies », J. von Neumann, *Collected*

En un second temps, à la fin de cet extrait, von Neumann reconnaît pourtant que la procédure digitale introduit « un milieu tout à fait différent, du point de vue de la réduction du "bruit aléatoire" de celui des processus physiques ». Il y a donc bien une différence qualitative qui apparaît. Mais son caractère n'est pas immédiat, contrairement à ce que l'on croit souvent. Cette différence qualitative doit être reconnue en usant d'arguments quantitatifs indirects dont le caractère généralisable peut seulement ensuite être démontré. C'est à cette condition que ce qui fait la supériorité principielle de la procédure digitale – son principe – peut réellement être identifié. La supériorité de principe apparaît dans la prise que nous offre la procédure digitale sur *le contrôle des erreurs de calcul* par rapport aux procédures analogiques. Les erreurs de calcul n'y sont pas absentes ; mais elles y sont *par principe* contrôlables et elles peuvent y être *par principe* bien plus aisément améliorées.

Ces lignes pourraient sembler n'avoir qu'une faible incidence sur notre compréhension de ce qui fait le fondement de l'informatique. On pourrait objecter qu'elles ne concernent finalement que les pratiques de calcul déléguées à la machine, mais nullement les autres usages de l'informatique. Or, elles ont une bien plus grande incidence car elles s'étendent à tout type de modélisation assisté par ordinateur. En les écrivant, von Neumann conservait cette idée que le calcul lui-même n'était qu'une forme particulière de simulation associée à une modélisation. La modélisation, c'est ce qu'il appelait en toute généralité la « procédure axiomatique ». Le calcul numérique

Works, vol. V, A.H. Taub (ed.), London, Pergamon Press, 1963, p. 296. C'est moi qui souligne.

se présente pour lui comme le traitement approché du comportement d'un milieu discret où interagissent de nombreux éléments et permettant le calcul approché d'un modèle au moyen de l'adjonction d'une automate simulant ces interactions. Colburn et Shute caractérisent aujourd'hui l'informatique comme une technologie qui tend à produire et à (faire) traiter de tels *schémas d'interactions* alors que l'abstraction simplement mathématiques tend à produire surtout des *structures d'inférences*[1]. L'objectif de la pratique d'abstraction propre à l'informatique – par *masquage d'information*[2] –, tel qu'on peut le concevoir aujourd'hui de manière très général, rejoint donc bien l'objectif que von Neumann attribuait dès le début à la conjonction de la méthode de modélisation des interactions d'éléments et des automates de calcul numérique.

Le texte de von Neumann contient ainsi en germes la raison principale de l'essor des divers types de modélisation partiellement assistés ou entièrement traités par ordinateur. Si l'on observe en effet la diversification des types de simulations ou de modélisations sur ordinateur, il apparaît qu'elles sont choisies non pas seulement parce qu'elles sont répétables (elles suivent certes le même chemin de calcul si on leur donne exactement les mêmes données de départ) ou permettent le traitement de séquences très longues, mais aussi et surtout parce *qu'elles permettent la conception, la spécification puis la manipulation de schémas d'interaction au moyen d'un instrument qui permet le contrôle conjoint de la précision tant*

---

1. T. Colburn et G. Shute, « Abstraction in Computer Science », *Minds and Machines*, 17 (2), July 2007, p. 169-184.

2. *Ibid.* Voir aussi la section IV de la partie « essai » de cet ouvrage.

des variables d'entrées, de sorties, que des variables internes.
Or, c'est bien ce contrôle conjoint et explicite des niveaux de
précision des variables dans la diversité de leurs *interactions*
que ne permet par principe aucun plan d'expérience analogique, qu'il soit lui-même instrumenté de manière analogique
ou numérique.

Au final, ce que l'informatique nous apprend, comme
instrument épistémique, c'est qu'il apparaît difficile d'expéri-
menter directement sur des systèmes complexes réels, et cela
non plus seulement pour des raisons de difficile accessibilité du
système réel ni non plus parce que le réel serait de toute façon
toujours déjà construit par nos instruments ou nos discours. Ce
texte nous permet de comprendre que, par principe, certaines
expérimentations doivent être effectuées sur des substituts
numériques de manière à être véritablement fiables, *pour des
raisons de contrôle conjoint de la précision des calculs, des
mesures et des représentations du système dans le cas où les
interactions entre processus y sont nombreuses et considérables* : ainsi en est-il depuis longtemps des simulations numériques et informatiques du comportement des futurs avions,
jugées nécessaires avant même la fabrication des prototypes
réels, pas seulement pour des raisons financières, donc.

Négliger la subtilité, le caractère indirect mais aussi assez
peu tonitruant (et donc peu médiatique) de l'argument de von
Neumann en faveur de la suprématie de la procédure digitale
conduit aux dérapages qu'on a connus comme l'affirmation
que la « nature est un ordinateur », que « penser, c'est effectuer
des opérations digitales », que « l'esprit est un programme
d'ordinateur » ou encore que « tout système causal suffisamment bien spécifié peut être simulé par une machine de
Turing ». C'est ce dernier dérapage qui fait l'objet d'une mise
au point importante dans le texte ci-dessous.

TEXTE 2

B. Jack Copeland
Computation, p. 14-15 *

L'intelligence artificielle et le sophisme de l'équivalence

Dans le cadre d'une discussion autour de la possibilité de l'intelligence artificielle, Newell soutient que (ce qu'il appelle) un « système à symboles physiques » peut être organisé de manière à exhiber une intelligence générale. Un « système à symboles physiques » est une machine de Turing universelle – ou tout système équivalent – situé dans le monde physique, en tant que ce monde est opposé au monde conceptuel. (Comme conséquence de cela, la bande de la machine est finie ; Newell spécifie que la capacité de stockage de la bande [ou de son équivalent] est illimitée au sens pratique où elle est finie mais sans être suffisamment petite pour « imposer que l'on s'en soucie ».)

* « Computation », dans *The Blackwell Guide to the Philosophy of Computing and Information*, L. Floridi (ed.), New York, Blackwell Publishing, 2004, p. 14-15 ; traduction Franck Varenne.

> Un système [à symboles physiques] contient toujours le potentiel d'être n'importe quel autre système s'il possède les instructions pour cela. Par conséquent, un système [à symboles physiques] peut devenir un système généralement intelligent. (Newell, 1980, p. 170)

La prémisse de cet argument pro-IA est-elle vraie? Un système à symboles physiques étant une machine de Turing universelle située dans le monde réel, il peut, s'il reçoit les instructions correctes, simuler (ou, métaphoriquement, devenir) tout autre système à symboles physiques (moyennant quelques clauses restrictives au sujet de la capacité de stockage). Si c'est ce que la prémisse signifie, alors elle est vraie. Cependant, si on la prend littéralement, la prémisse est fausse puisque, comme il a été précédemment remarqué, des systèmes peuvent être spécifiés qu'aucune machine de Turing – et ainsi aucun système à symboles physiques – ne peut simuler. Quoi qu'il en soit, si la prémisse est interprétée de la première manière, de sorte qu'elle soit vraie, la conclusion ne peut être tirée de la prémisse. C'est seulement à ceux qui, comme Newell, croient que «la notion de machine ou de mécanisme physique déterminé» est «formalisée» par la notion de machine de Turing (*ibid.*) que l'argument paraîtra déductivement valide.

La défense qu'adopte Newell en faveur de sa conception selon laquelle la machine de Turing universelle épuise les possibilités de mécanisme implique un exemple du sophisme de l'équivalence :

> [Un] important chapitre de la théorie du calcul … a montré que toute tentative de … formuler … des notions générales de mécanisme … conduit à des classes de machines qui sont équivalentes en ce qu'elles recouvrent en totalité et exactement le même ensemble de fonctions d'entrées-sorties. En effet, il

y a un unique et grand étang à grenouilles de fonctions, peu importe quelle espèce de grenouille (type de machine) est utilisée… Un grand zoo de formulations différentes de classes maximales de machines est maintenant connu – les machines de Turing, les fonctions récursives, les systèmes canoniques de Post, les algorithmes de Markov… (Newell, 1980, p. 150)

L'argument *a priori* de Newell en faveur de l'affirmation selon laquelle un système à symboles physiques peut devenir généralement intelligent sombre dans la confusion.

Conclusion

Puisqu'il y a des problèmes qui ne peuvent être résolus par une machine de Turing, il y a des limites – étant donné la thèse de Church-Turing – à ce qui peut être accompli par toute forme de machine qui fonctionne en accord avec les méthodes effectives. Cependant, toutes les machines *possibles* ne partagent pas ces limites. C'est une question empirique ouverte que celle de savoir s'il y a des processus déterministes réels qui vont, dans le long terme, être à même d'échapper à la simulation par machine de Turing, et si, dans l'affirmative, un processus de ce genre pourrait de manière utile être pris en charge par une forme quelconque de machine à calculer. Davantage, c'est une question empirique ouverte que celle de savoir si un processus de ce genre est impliqué dans le fonctionnement du cerveau humain.

Bibliographie

NEWELL, « Physical symbol systems », *Cognitive Science*, 1980, 4, p. 135-183.

COMMENTAIRE

Le texte présenté ici figure à la toute fin d'un article de synthèse intitulé « Computation ». L'article en lui-même porte sur ce que Copeland pense être la véritable portée épistémologique de la machine de Turing, ainsi que sur une thèse en général étroitement associée, dans la littérature, aux spéculations philosophiques sur la portée de ce formalisme, à savoir la thèse de Church-Turing (dite encore thèse de Church ou thèse de Turing). L'objectif principal de l'auteur est de délimiter précisément cette portée de manière à ancrer une réflexion sur l'informatique à la fois dans une véritable restitution du geste mathématique initial de Turing et de Church et dans la reconnaissance que les ordinateurs sont des machines de Turing particulières, à savoir physiquement réalisées. C'est au cours de cette entreprise de restitution et d'analyse critique que l'auteur est amené à rendre compte de toute une série d'interprétations fallacieuses de la thèse de Church-Turing. Or, ces interprétations ont eu un écho et une influence considérables dans nombre d'arguments, tant en philosophie de l'esprit qu'en philosophie de l'intelligence artificielle ou, plus récemment, en épistémologie des modèles informatiques et de la vie artificielle[1]. C'est dire l'importance des mises au point que Copeland publie depuis quelques années sur ces questions[2].

En suivant en partie la présentation préalable donnée par Copeland lui-même dans cet article, je restituerai d'abord le contexte d'énonciation de la thèse de Church-Turing, pour en venir ensuite à une description précise de la situation de ce texte et des hypothèses sur lesquelles il fait fond, cela pour finir par une explication et une analyse de celui-ci.

Contexte d'énonciation de la thèse de Church-Turing

Si l'on veut mieux comprendre de quoi il retourne quand il est question de la thèse de Church-Turing, il est d'abord nécessaire de revenir de manière plus précise sur le formalisme de la machine de Turing (MT). Dans son article, Copeland fait lui-même l'hypothèse qu'il convient de ressaisir le contexte d'énonciation de cette thèse pour mieux saisir ses attendus, sa portée exacte ainsi que le champ de questions qu'elle laisse ouvertes.

---

1. Le programme de recherche dit de « Vie artificielle » a été lancé, au début des années 1980, par des chercheurs du Santa Fe Institue (dont C.G. Langton). Contrairement à ce que fit d'abord l'IA, il prend au sérieux le fait que les facultés cognitives sont incarnées en appelant avant tout à la simulation sur ordinateur des phénomènes biologiques dans leur diversité.

2. B.J. Copeland, « The Church-Turing Thesis », dans E. Zalta (ed.), *The Stanford Encyclopaedia of Philosophy*, 1996, http://plato.standford.edu/entries/church-turing; « The broad conception of computation », *American Behavioral Scientist*, 1997, vol. 40, p. 690-716; « Turing's O-machines, Penrose, Searle and the Brain », *Analysis*, 1998, 58, p. 128-138; « Narrow versus wide mechanism including a re-examination of Turing's view on the mind-machine issue », *Journal of Philosophy*, 2000, 97, p. 5-32.

Machines de Turing et automates de calcul

Rappelons qu'une MT est le schéma d'un dispositif matériel idéalisé de traitement séquentiel de symboles. Il consiste en une tête de lecture pouvant lire et/ou écrire un seul symbole à la fois. Une bande de longueur infinie passe devant cette tête de lecture. Les symboles appartiennent à un ensemble fini. Ils peuvent être des "0", des "1" ou d'autres caractères. Mais ils peuvent être aussi de simples symboles de séparation. La bande possède plusieurs fonctions : contenir les arguments de la fonction à calculer (les variables d'entrée), des arguments intermédiaires (servir de mémoire de calcul) ou encore un programme d'instructions. Turing précise que les arguments d'entrée doivent occuper un espace fini sur la bande, mais que la bande, quant à elle, est de longueur infinie. La tête de lecture peut être dans un nombre fini d'états internes. Elle se voit adjoindre un dispositif (de nature indéterminée) qui commande, à chaque pas de temps, son action en fonction de son état interne et du symbole qu'elle lit sur la bande : écrire ou ne pas écrire un symbole, se déplacer sur la bande vers la gauche ou vers la droite, ou encore ne rien faire. Turing concevait à partir de là une machine de Turing universelle (MTU) : sur la bande de la MTU figure une *description standard* (suite des configurations possibles et table d'instructions associée) de la machine simulée et une autre partie de la bande contient les arguments traités par cette machine simulée. En 1936, Turing montrait qu'une telle machine était concevable : toute MT peut donc être parfaitement simulée[1] par la MTU. Par là, Turing

---

1. Je reviendrai *in fine* sur cette notion de simulation parfaite. Elle se révèlera avoir une connotation différente de celle qu'on trouve dans des expressions comme « simulation informatique ».

introduisait la notion clé de programme enregistré (sans préciser toutefois la technique associée).

Les ordinateurs classiques sont conçus sur le principe même de la MTU. Ainsi, du fait de cette inter-simulabilité, même s'ils sont dotés d'opérations élémentaires plus complexes, ils ne peuvent pas réaliser une opération de calcul que ne pourrait réaliser une MTU convenablement programmée. Une réflexion sur les ordinateurs classiques et leurs opérations (quand elles sont considérées du seul point de vue du calcul pas à pas s'effectuant au niveau le plus proche de la machine) passe donc bien par une réflexion sur les MT. Notons que le cas des machines à bande finie ne concerne pas la théorie des MT mais celle des *automates à états finis*. Dans le cadre des thèses et du texte que nous étudierons ici, nous nous en tiendrons aux MTU concrètes dont la bande est toutefois assez longue pour pouvoir être, en pratique, considérée comme infinie. Ainsi donc, dans la plupart des cas, les ordinateurs communs peuvent être considérés comme de véritables MTU.

Les méthodes effectives comme simulations d'un calcul humain

L'objectif initial de Turing, en 1936, est de clarifier la thèse (liée aux théorèmes de Gödel) selon laquelle il existe des tâches mathématiques qui ne peuvent pas être menées au moyen d'une *méthode effective*. L'approche de Turing ne peut pas consister à s'appuyer sur la notion de méthode effective qui reste alors mal définie : c'est en effet, dit-on de manière informelle, exécuter une tâche mécanique de calcul en un nombre d'étapes fini. Cette tâche est dite mécanique non pas au sens où ce *doit* nécessairement être une machine physique ou un mécanisme quelconque – physiquement réalisé ou non – qui l'effectue, mais au sens où un opérateur humain *peut* toujours l'effectuer en suivant mécaniquement, c'est-à-dire aveuglément, des règles, cela de manière disciplinée, sans recourir à aucune intuition (*insight*) ni aucune ingéniosité (*ingenuity*)[1].

La notion de méthode effective reste vague car les notions d'intuition et d'ingéniosité restent très imprécises pour le mathématicien. C'est donc l'inverse qui se produit dans l'article de Turing : comme le notera Gödel, c'est la notion de méthode effective qui reçoit de la clarté de celle de machine de Turing. Une fonction sera par la suite dite *calculable par des moyens effectifs* s'il *existe une* MT qui peut la calculer. Mais, comme on l'oublie parfois, cette substitution n'est possible à son tour que parce que la machine de Turing elle-même simule exactement une série d'actes humains simples – et totalement explicites – de calcul pas à pas, puisque c'est eux qu'on a considérés au départ, bien que de manière informelle, comme « effectifs ». Copeland rappelle ainsi qu'« une machine de Turing est une idéalisation d'un calculateur humain »[2].

La thèse de Church-Turing « proprement dite »

Ce que démontre d'abord Turing (qui est un théorème donc), c'est qu'il existe une MTU qui peut simuler exactement toute autre MT. Quant à la thèse de Turing ou thèse de Church-Turing (TCT) proprement dite, elle est une thèse qui enrôle ce théorème mais qui n'en découle pas. Elle n'est pas démontrée même si des indices en sa faveur existent. Elle ne porte pas sur le rapport entre une MTU et toute autre machine de Turing ; ce

---

1. B.J. Copeland (2004, *op. cit.*, p. 6) renvoie ici aux propos de Turing figurant dans le « Programming handbook for Manchester electronic computer », http://www.AlanTuring.net/programmers_handbook

2. *Ibid.*, p. 7.

qui est le cas du théorème. Cette thèse réactive précisément l'hypothèse que Turing a préalablement faite et selon laquelle la notion de calculabilité par machine de Turing est toujours exactement substituable à la notion vague de méthode effective. Elle est *une thèse sur le rapport entre un formalisme et un phénomène qu'il est censé modéliser et simuler*. Elle porte un jugement sur le rapport entre le formalisme de la MTU et ce qu'il est censé au départ simplement imiter ou (au moins imparfaitement) simuler : le calcul humain effectif.

Une première expression de la TCT est la suivante :

> La MTU est capable d'exécuter tout calcul que n'importe quel calculateur humain peut effectuer [1].

Une telle thèse affirme que le formalisme d'une MTU non seulement imite une méthode effective mais, finalement et en réalité, *capte la totalité* de ce qui fait la caractéristique d'une méthode effective. Elle assure que la MTU est davantage qu'une simulation approchée d'une pratique humaine. Par là, elle prend réellement au sérieux la *substituabilité intégrale* des deux expressions (Turing-calculable et effectivement calculable) en lui donnant une charge ontologique. Elle garantit que la MTU formule une *théorie intégrale et sans reste* de tout calcul humain dit effectif. En faisant passer de force le rapport « formalisme de la MTU »/« méthode effective » du statut d'une induction à celui d'une définition, elle se révèle être *une thèse philosophique*. D'un autre point de vue, on peut dire qu'elle manifeste une *décision* quant à la définition de la notion, sinon vague, de méthode effective.

Une formule équivalente est celle-ci :

---

1. B.J. Copeland, 2004, *op. cit.*, p. 7.

Toute méthode effective – ou mécanique – peut être exécutée
par la MTU [1].

Dans cette formulation très fréquente, on introduit le terme
« mécanique ». Mais il faut comprendre que *ce terme ne
renvoie pas ici à la réalisation (même fictive) d'un mécanisme
ni à celle d'une machine, mais bien seulement à la notion
de procédure aveugle, systématique, disciplinée et sans intuition,* celle même dont nous parlions plus haut et *qui fait sens
d'abord seulement dans le cadre des mathématiques.* C'est
finalement à cette nuance essentielle – à laquelle on prête
souvent trop peu de poids – qu'est consacré tout le reste de
l'article de Copeland jusqu'à l'extrait que nous citons ici.

Remarquons que l'inverse de la TCT est évidente : toute
procédure effectuée par une MTU est effective. Car tout homme
suffisamment endurant peut suivre exactement (avec un
papier et un crayon) chacune des étapes franchies par une MTU
programmée. Quant à la TCT proprement dite, Copeland
rappelle qu'elle est problématique : il y a une divergence
d'opinions parmi les logiciens au sujet de sa validité. Nous
verrons plus loin comment cette thèse a pu être déformée et
sollicitée. Avant tout, reconnaissons également qu'il y a dans
les écrits de Turing (1936) un ensemble de théorèmes dits
de limitation qui peuvent être la source de certaines autres
mésinterprétations parfois associées à la TCT.

Les véritables limites explorées par la MTU : non calculabilité, indécidabilité

Avant d'en venir aux errements interprétatifs au sujet de la
TCT, il est utile d'évoquer la substance de quelques autres

---

1. B.J. Copeland, 2004, *op. cit.*, p. 7.

résultats techniques fondamentaux dus à l'introduction de cette même notion de MTU, cela dans la mesure où ils ont eu un impact (parfois indirect) sur ces interprétations.

On pourrait croire que la formulation de la TCT par Turing mènerait à une sorte de triomphalisme au sujet de la MTU. Il n'en est rien. Il ne faut pas confondre la décision philosophique de la TCT (certes optimiste quant à notre faculté de formaliser adéquatement ce que signifie une procédure effective) et l'usage principalement négatif qui en est fait : Turing montre dans la suite qu'il existe un grand nombre de fonctions qui ne sont *pas* calculables par la MTU. Il en conclut (du fait de l'équivalence imposée par la TCT elle-même) qu'il y a des fonctions qui ne sont pas calculables par méthodes effectives. Qu'est-ce à dire ?

Il y a des problèmes mathématiques qui ne peuvent pas être résolus par une machine de Turing : ainsi le *problème de l'impression de "0"* (ou de tout autre caractère fixé) ou encore le *problème de l'arrêt*. Turing montre que lorsque la MTU se voit donner en entrée une description d'une machine quelconque, elle ne peut pas toujours dire en un nombre fini d'étapes si le fonctionnement de cette machine donnera lieu, à un moment ou à un autre, à l'impression d'un caractère défini, comme "0", ou si ce ne sera jamais le cas. De même, le problème de savoir si une MT quelconque finira par s'arrêter (*i.e.* par tomber sur le caractère lui commandant de s'arrêter) en partant d'une bande vide ne peut être tranché par une MT qui traiterait en un nombre fini d'étapes la description standard de cette machine. Même en simulant parfaitement cette machine quelconque, la MTU pourrait s'arrêter ou non. Dans le cas où elle ne se s'arrête pas, on ne pourrait encore rien conclure sur le fait de savoir si elle va ou non s'arrêter.

Il y a aussi des fonctions non calculables. Une fonction est une application d'un ensemble d'éléments dits arguments (ou entrées) sur un ensemble d'autres éléments dits valeurs (ou sorties). Une fonction est calculable au sens de Turing s'il existe *une* MT qui part des entrées et donnent les sorties (valeurs) adéquates à ces entrées pour cette fonction en un nombre fini d'étapes, cela *quel que soit l'argument en entrée*. L'addition sur les entiers, qui, à deux entiers, associent leur somme, est ainsi calculable par machine de Turing. Or, le théorème dit de *la fonction d'arrêt* exprime le fait qu'une fonction qui est à même de classer toutes les MT en machines qui s'arrêtent, d'une part, et en machines qui ne s'arrêtent pas, d'autre part, est une fonction elle-même non calculable par MT.

Le problème de la décision (*Entscheidungsproblem*) est celui qui constitue un des objectifs principaux – si ce n'est l'objet principal – de l'article de 1936. Il est lié à l'espoir de Hilbert de voir toutes les mathématiques entrer dans un système formel complet, consistant et décidable. Rappelons qu'un système formel est *consistant* quand il ne contient pas de contradiction, *complet* si chacune des propositions mathématiques vraies qu'on peut y formuler est démontrable, *décidable* enfin s'«il existe une méthode effective permettant de dire, de chacun des énoncés mathématiques [qui s'y formulent], si oui ou non cet énoncé est démontrable dans le système »[1]. En 1931, Gödel avait montré son premier théorème d'incomplétude : si un système suffisamment puissant pour prendre en charge l'arithmétique élémentaire est consistant, alors il est nécessairement incomplet. C'est Turing et Church qui, indépendamment, montrèrent qu'aucun système formel consistant

----

1. B.J. Copeland, 2004, *op. cit.*, p. 9.

pour l'arithmétique ne peut être décidable. Ils montraient par là l'indécidabilité du calcul des prédicats.

Or, Copeland rappelle que la démonstration de Turing mettait en œuvre l'argument du caractère non calculable du problème de l'impression : « Il montra que si une MT pouvait dire, de tout énoncé donné, si oui ou non il était démontrable dans le calcul des prédicats de premier ordre, alors une MT pourrait dire de toute MT donnée si oui ou non elle finirait par imprimer un "0" » [1]. Ce qu'il avait montré par ailleurs être impossible. La preuve d'indécidabilité s'en suivait donc naturellement. De tous ces rappels succincts, il faut donc retenir l'idée que le formalisme de la MTU n'est pas tant l'occasion d'énoncer une thèse qui peut paraître à bien des égards aventureuse et quelque peu triomphaliste (la TCT) que l'occasion de fourbir des arguments explicites en faveur des théorèmes portant quant à eux sur *les limites des méthodes effectives de preuve et de calcul*. Moyennant ces mises en perspectives et ces rappels, comment peut-on maintenant mieux débusquer les interprétations fallacieuses de la thèse de Church-Turing ?

Situation de l'extrait

Les malentendus sur la portée de la MTU et de la TCT

Un des apports principaux de l'article de Copeland est de montrer un ensemble de trois propositions négatives au sujet de la thèse de Church-Turing (TCT) : 1) *La TCT ne porte pas sur tout type de mécanisme*. Elle n'est donc pas une thèse générale statuant sur la valeur des modèles mécanistes dans les sciences ;

---

1. B.J. Copeland, 2004, *op. cit.*, p. 10.

2) *la* TCT *n'affirme en rien la toute puissance du mécanicisme* :
elle n'impose pas une conception mécaniste de tout être
– vivant ou inerte –, de tout phénomène ou de tout type de
pratique (y compris un calcul…) ; 3) *mais la* TCT *n'affirme pas
non plus qu'il y a des limites infranchissables au mécanicisme*.

Copeland qualifie de mythe l'idée selon laquelle la TCT
aurait traité des limites du mécanisme et que, pour cela, elle
aurait établi le fait qu'une MTU pouvait simuler le comportement de n'importe quelle machine. Un certain nombre
d'auteurs en philosophie de l'esprit et en philosophie de
l'intelligence artificielle se sont rendus victimes de ce mythe.
Selon Dennett, par exemple, Turing aurait montré que « sa
machine universelle peut calculer toute fonction que tout
calculateur peut calculer, quelle que soit son architecture »[1].
Le biographe de Turing, Hodges, commet lui-même l'erreur
en considérant que Turing a découvert « qu'une machine
universelle pouvait prendre en charge le travail de n'importe
quelle autre machine »[2]. Des neurophilosophes comme les
Churchland enfin soutinrent qu'un ordinateur classique (sur le
modèle d'une MTU) « pouvait calculer toute fonction à entrées-
sorties gouvernée par des règles »[3].

Notons que les auteurs cités ici fondent en une même
affirmation le théorème général sur la MTU et la TCT. Turing
aurait montré la possibilité d'une concentration, en une

---

1. D. Dennett, *Consciousness explained*, Boston, Little Brown, 1991,
p. 215 ; cité par B.J. Copeland, *op. cit.*, p. 10.

2. A. Hodges, *Alan Turing : The Enigma*, London, Vintage, 1983 ; trad. fr.
Alan Turing ou l'énigme de l'intelligence, Paris, Payot, 1988, p. 105, traduction
modifiée ; cité par B.J. Copeland, *op. cit.*

3. P.M. Churchland, P.S. Churchland, « Could a machine think ? »,
Scientific American, 1990, 262, p. 26 ; cité par B.J. Copeland, *op. cit.*

machine réelle (universelle), d'un pouvoir qu'on pouvait croire jusque là dispersé dans un grand nombre de machines réelles (certes idéalisées). Et ce serait *dans un même geste* qu'il aurait montré la possibilité d'une condensation en un seul type de *procédure* (universel) d'un pouvoir de calcul qu'on pouvait croire sinon modélisable d'une quantité de diverses manières. Pour ces auteurs, l'adjectif « mécanique » s'applique *indifféremment* en permettant la confusion entre les deux affirmations pourtant distinctes : le théorème sur la MTU et la TCT.

Ce faisant, ils confondent une procédure de calcul dite mécanique – au sens mathématique – avec le fonctionnement dit aussi mécanique d'une machine matériellement réalisée : or, pour être ce qu'elle est, une machine n'a pas nécessairement à avoir un type de fonctionnement modelé sur les procédures mécaniques valant en revanche, et par ailleurs, comme bon modèle (vraie théorie, même, selon l'affirmation de la TCT) pour les méthodes effectives de calcul.

Si, par calculateur, on entend de manière générale une machine – éventuellement abstraite – « qui calcule une fonction d'entrées-sorties gouvernée par des règles », Turing a montré l'inverse de ce que soutiennent les Churchland : la non-décidabilité du calcul des prédicats ou, encore, la non calculabilité par machine de Turing du problème de l'arrêt. Il est probable, selon Copeland, qu'il existe des schémas de réponse à l'environnement qui suivent des règles de manière parfaitement systématique mais qu'aucune machine de Turing ne peut calculer : « la fonction d'arrêt est une caractérisation mathématique d'un tel schéma »[1]. Elle est bien suffisamment

1. B.J. Copeland, 2004, *op. cit.*, p. 11.

caractérisée comme une « fonction d'entrées-sorties gouvernée par des règles », sans être pour autant être simulable par
une machine de Turing.

Il faut bien comprendre que ce qu'a montré Turing
« ne concerne nullement l'étendue de ce qu'une machine
est capable d'accomplir » mais seulement « l'étendue des
méthodes effectives »[1], et cela même à condition de supposer
la TCT valide. Copeland prend la peine de donner une autre
formulation de la bonne manière d'imbriquer le théorème
portant sur la MTU et la TCT. C'est sous une forme
conditionnelle qu'il y introduit le terme de « machine » :

> Aucun calculateur humain, ni aucune machine qui imite un
> calculateur humain, ne peut échapper à la calculabilité par la
> MTU[2].

Contrairement à ce que supposent implicitement les
auteurs cités, la confusion des niveaux ne peut pas avoir lieu
ici : on est bien dans le cas d'une machine imitant à son tour
une imitation de comportement mécanique. Cette machine est
particulière car elle imite un acte humain conçu lui-même
comme une interprétation-imitation de ce que pourrait faire de
plus explicite – de notre point de vue – une machine qui se
plierait à cette contrainte du calcul pas à pas.

La TCT n'implique donc rien quant à l'étendue de ce qu'une
machine peut faire en général. On peut d'ailleurs imaginer des
machines (y compris numériques) qui fonctionnent en accord
avec des « règles explicites » mais qui ne peuvent être simulées
par la MTU : il suffit de créer, sur la base du schéma des MT, un

---

1. B.J. Copeland, 2004, *op. cit.*, p. 11.
2. *Ibid.*

type de machine possédant certaines opérations de bases (figurant donc dans la table des instructions) qui ne peuvent être effectuées machinalement avec du papier et un crayon [1].

Le nombre d'auteurs victimes de cette confusion est considérable. Pour allonger la liste de Copeland, on peut citer certains chercheurs en vie artificielle mais aussi en biologie théorique. Ainsi, dans les années 1980, certains partisans de la version forte du programme de Vie Artificielle ont entretenu une formulation caricaturale de la TCT. Ils en ont tiré une preuve de faisabilité pour leur programme. Rasmussen, du groupe de recherche sur les systèmes complexes de Los Alamos, a proposé par exemple ce type de raisonnement :

> Hypothèse 1 : une machine universelle de Turing (un ordinateur) peut simuler n'importe quel processus physique.
> Hypothèse 2 : la vie est une propriété de certains processus physiques.
> Conclusion : il est possible de simuler la vie sur une machine universelle de Turing (un ordinateur) [2].

Le biologiste théoricien Rosen est lui aussi d'accord pour affirmer que la TCT est une thèse qui impose « la simulabilité comme une loi de la physique » et qui « soutient, *mutatis mutandis*, que tout système matériel est un mécanisme » [3].

---

1. Turing lui-même avait conçu, sur le papier, ce type de machine : voir B.J. Copeland, « Turing's O-machines, Searle, Penrose and the Brain », 1998, *op. cit.*

2. S. Rasmussen, « Aspects of Information, Life, Reality and Physics », dans C.G. Langton, *Artificial Life II*, C. Langton *et alii* (eds.), vol. X, Redwood City (CA), Addison-Wesley, 1992; cité par J.C. Heudin, *La vie artificielle*, Paris, Hermès, 1994, p. 192.

3. R. Rosen, *Essays on Life Itself*, New York, Columbia UP, 2000, p. 29 et 268.

Comme critique du programme de Vie Artificielle, il a beau
jeu de s'opposer ensuite frontalement à cette même caricature.
Contre ce qu'il croit être la TCT, il soutient l'idée qu'il y a
des phénomènes physiques et biologiques qui échappent à
la simulabilité (parfaite) par machine de Turing : il y a des
phénomènes qui violent la (caricature de la) TCT.

Le problème est qu'aux yeux d'un lecteur pressé, ce genre
d'argumentation passe pour une condamnation sans appel
– d'autant plus forte qu'elle semble porter sur les principes –
des modèles informatiques en général. Pour éviter de tomber
dans ces travers, on voit donc la nécessité dans laquelle nous
sommes de distinguer et clarifier ce qui a été effectivement
démontré et ce qui a été simplement affirmé.

La thèse de maximalité

Dans la suite de son article, Copeland entreprend de
montrer qu'il y a des nuances à côté de ces grossières mésinterprétations : il faut distinguer ces versions radicalement
fausses de thèses plus subtiles, que l'on peut apparenter à la
TCT proprement dite, mais qui n'en restent pas moins de loin-
taines « cousines ». Afin de poursuivre son entreprise de clari-
fication, l'auteur définit d'abord la notion utile de fonction
générée par une machine, puis, à partir de là, ce qu'il appelle *la
thèse de maximalité* :

> Une machine *m* est dite capable de générer une certaine
> fonction si *m* peut être conçue de manière telle que si elle se voit
> présenter un argument quelconque valant pour la fonction, *m*
> va effectuer un nombre fini d'étapes de calcul à l'issue
> desquelles *m* produit la valeur correspondante de la fonction

(*mutatis mutandis* pour le cas de fonctions qui, comme l'addition, exigent plus qu'un argument)[1].

Moyennant cette précision terminologique, la thèse de maximalité prend une forme qui s'apparente à la TCT proprement dite mais s'en distingue :

> Thèse de Maximalité : Toutes fonctions qui peuvent être générées par des machines (fonctionnant sur des entrées finies en accord avec un programme fini d'instructions) sont calculables par machine de Turing[2].

Il est à noter que la Thèse de Maximalité n'est pas discutée en elle-même. Elle a pour fonction précise de désambigüiser un certain nombre des thèses cousines de la TCT. Plus qu'une thèse univoque, elle est donc un format plurivoque de thèses. Comme telle, elle appelle plusieurs interprétations. Ces interprétations dépendent en particulier de l'extension que l'on donne au terme de « machine ». Ce qui montre, soit dit en passant, que la précision classique apportée dans la parenthèse (malgré ce que sous-entendent beaucoup d'auteurs) ne suffit pas, quant à elle, à lever l'ambiguïté.

En effet, si on entend désigner par le terme « machine » toute machine imaginable – qu'elle soit physiquement réalisée ou même abstraite –, la thèse de maximalité est fausse. Copeland rappelle qu'on peut en effet décrire des machines (abstraites) qui génèrent des fonctions qui ne sont pas calculables par machine de Turing. Ainsi en est-il des MTUA, des

1. B.J. Copeland, 2004, *op. cit.*, p. 12.
2. *Ibid.*

Machines de Turing Universelles Accélératrices[1] : de telles machines (abstraites) prennent une unité de temps pour effectuer la première opération atomique, une moitié de ce même temps pour l'opération suivante, …, $\frac{1}{2}^{n-1}$ fois ce temps pour le $n^{\text{ième}}$ opération atomique. Du fait que la somme $1 + \frac{1}{2} + \frac{1}{4} + … + \frac{1}{2}^{n-1}$ converge vers un nombre fini (à savoir 2), même si le nombre d'étapes de calcul est infini, le temps de calcul total est fini. Une telle machine peut calculer la fonction d'arrêt.

Mais si, par « machine », on entend ne désigner que celles qui sont physiquement réalisées et qui obéissent par là aux lois de la physique, la Thèse de Maximalité entend trancher au sujet d'une question de nature empirique. Or, cette question empirique est ouverte. En effet, cela reste une question ouverte de savoir s'il existe ou non des processus physiques dont le comportement ne serait pas calculable par MT. Il n'est pas impossible, en principe, qu'il existe des machines ou des organes biologiques qui génèreraient des fonctions qui ne pourraient pas être calculées par des MT[2]. Dans cette interprétation donc, la thèse de maximalité a une simple portée empirique. Et sa valeur de vérité n'est pas tranchée.

Notons qu'une semblable ambiguïté peut encore résider dans le terme « calculable » du fait que ce terme hérite de l'ambiguïté de « mécanique » et de « machine ». Ainsi, certains auteurs donnent l'impression de formuler incorrectement la TCT lorsqu'ils disent que « toute fonction calculable peut être calculée par une machine de Turing ». On pourrait

1. Voir notamment I. Stewart, « Deciding the Undecidable », *Nature*, 1991, 352, p. 664-665; B.J. Copeland, « Super-Turing-Machines », *Complexity*, 1998, vol. 4, p. 30-32.

2. B.J. Copeland, 2004, *op. cit.*, p. 12.

comprendre en effet qu'il s'agit de « calculable par machine physiquement réalisée ». Mais s'il s'agit d'entendre qu'on désigne ici par « fonction calculable » exclusivement toute « fonction engendrable par des méthodes effectives », l'auteur ne dit alors rien d'autre que ceci : la calculabilité et l'effectivité sont substituables. Et sa formulation retrouve bien la TCT proprement dite. Copeland note que l'un des rares philosophes à avoir aperçu ces difficultés – celles de ce qu'il appelle le *sophisme [fallacy] de Church-Turing* – fut Putnam. En 1992, ce dernier écrivait ainsi qu'« une machine au sens d'un système physique obéissant aux lois de la physique newtonienne ne nécessite pas d'être une machine de Turing »[1].

Le sophisme de la simulation

En philosophie de l'esprit, de l'IA ou de la vie artificielle, comme en psychologie cognitive, le *sophisme de Church-Turing* peut prendre plusieurs formes. Il peut dériver soit en un *sophisme de la simulation* soit en un *sophisme de l'équivalence*. Le sophisme de la simulation consiste à s'appuyer sur une des versions déformées de la TCT pour en conclure des thèses sur la simulabilité intégrale, par machine de Turing, de tel ou tel type d'entités ou de telle ou telle compétence. Ainsi voit-on, par exemple, qu'est souvent soutenue l'idée que le cerveau est un système biologique, donc physique et que, comme tel, il doit être simulable par MT. Il n'est que de renvoyer ici à Rasmussen ou à Rosen, déjà cités.

Copeland, quant à lui, débusque ce sophisme dans les écrits mêmes de Fodor et de Searle. Dans un article de 1981,

---

1. H. Putnam, *Renewing Philosophy*, Cambridge, Harvard UP, 1992, p. 4 ; cité par B.J. Copeland, 2004, *op. cit.*, p. 13.

par exemple, Fodor entend prouver que l'hypothèse selon laquelle nous sommes dotés d'états mentaux à propriétés sémantiques – cela au même titre que n'importe quel symbole – permet de conclure 1) que les états mentaux sont des symboles, 2) que la métaphore de l'esprit-ordinateur est donc valide et 3) que nous sommes en droit de nous enquérir au sujet du langage de programmation et des programmes (codes informatiques) qui président au fonctionnement de l'esprit-ordinateur[1]. Mais la critique (seulement allusive ici) de Copeland permet de comprendre que Fodor ne peut démontrer cela qu'en affirmant en toute généralité qu'« il est naturel de penser à un ordinateur comme à un mécanisme qui manipule des symboles » et en supposant ensuite implicitement que toute machine qui manipule des symboles ne peut être conçue que sur le modèle d'un ordinateur classique. C'est ensuite plus loin qu'il fait fond sur une TCT caricaturale en décidant que toute computation ou toute manipulation de symboles n'est qu'« une chaîne causale d'états d'un ordinateur et que les liens dans cette chaîne sont des opérations sur les formules sémantiquement interprétées dans le code de la machine »[2]. Autrement dit, Fodor suppose que le schéma de principe des ordinateurs classiques épuise à tout jamais tout schéma de manipulation de symboles déléguée à quelque machine que ce soit. Faisant fond sur une telle déformation de la TCT, Fodor peut donc conclure qu'il faut rechercher activement la pensée sous la forme d'un programme d'ordinateur classique (sur le modèle de la MTU).

1. J. Fodor, « The Mind-Body Problem », *Scientific American*, 1981, 244, p. 130.

2. *Ibid.*

Il est significatif de voir que, dans *La redécouverte de l'esprit*, alors même que Searle entend répondre au genre d'arguments que déploie Fodor[1], son auteur se rend également coupable du sophisme de la simulation. Sous la pression de ce qu'il pense être la TCT, Searle concède que les opérations effectuées par le cerveau peuvent toujours être simulées par un ordinateur : « on connaît la thèse de Church : tout ce dont on peut donner une caractérisation assez précise comme étant un ensemble d'étapes peut être simulé sur un ordinateur numérique ; il s'ensuit donc, de façon triviale, que la question [les opérations du cerveau sont-elles simulables sur un ordinateur numérique ?] a une réponse affirmative »[2]. Mais, comme on l'a vu, la TCT proprement dite n'affirme aucunement que « tout ce qui peut être décrit sous la forme d'une série d'étapes peut être simulé par machine de Turing »[3]. Partisans comme adversaires du fonctionnalisme en philosophie de l'esprit peuvent donc être victimes d'un tel sophisme.

Ce sophisme repose sur l'idée fausse que la TCT impliquerait un jugement général sur *tout* type de manipulation de symboles ou, plus largement, sur *tout* type de processus qui peut être décrit en un nombre d'étapes précises et distinctes. Cette dernière erreur est appelée la *Thèse S* par Copeland (ou *Thèse de la Simulation*). En conformité avec ce qui a été dit sur la thèse de maximalité, si on entend désigner

---

1. Voir par exemple ce passage dans J.R. Searle, *The Rediscovery of Mind*, Cambridge, MIT Press, 1992 ; trad. fr. *La redécouverte de l'esprit*, Paris, Gallimard, 1995, p. 298 : « l'erreur est de supposer que dans le sens où les ordinateurs servent à traiter de l'information, les cerveaux eux aussi traitent de l'information ».

2. *Ibid.*, p. 269.

3. B.J. Copeland, 2004, *op. cit.*, p. 13.

aussi par « *tout* type de processus qui peut être décrit (mathématiquement ou, plus largement, scientifiquement) en un nombre d'étapes précises et distinctes » les processus qui se révèlent par ailleurs être abstraits, alors la thèse S est fausse. Si, en revanche, on entend limiter implicitement cette expression à la dénotation des seuls processus physiquement réalisés ou réalisables, la valeur de vérité de la thèse S reste inconnue.

Le sophisme de l'équivalence

Si l'on s'en tient toutefois au strict contenu de la TCT (« Toute méthode effective – ou mécanique – peut être exécutée par la MTU »[1]), il n'en demeure pas moins que plusieurs indices plaident effectivement en sa faveur : dans les mises au point présentées précédemment, ce n'est donc nullement la TCT proprement dite qui est mise en cause, en particulier quant à son statut de thèse empirique plausible. Ainsi, parmi les indices troublants plaidant en sa faveur, figure la longue série des preuves d'équivalence entre le formalisme des machines de Turing et ces autres formalismes qui ont été conçus – de manière d'abord concurrente – pour saisir l'essence de ce qu'on appelle sinon informellement une méthode effective. C'est celle même dont se prévaut Newell dans le texte que je vais plus particulièrement analyser. Le *sophisme de l'équivalence* consiste à se prévaloir de ces preuves d'équivalence pour en tirer la thèse selon laquelle le formalisme des MT peut capter et simuler parfaitement tout type de mécanisme qui serait mis en œuvre dans le monde physique.

C'est en critiquant cette fois-ci un des arguments-clés d'un des fondateurs du programme de l'IA symbolique, à savoir

1. B.J. Copeland, 2004, *op. cit.*, p. 7.

Allen Newell, que Copeland va mettre une dernière fois en lumière l'étendue des dégâts épistémologiques causés par une interprétation erronée et un abus de la TCT.

Problématique et analyse de l'extrait

À ce stade de l'analyse, on comprend que si la critique de Copeland portait, il en résulterait qu'une grande partie de ce qui fonde le programme de l'IA symbolique pourrait être remis en question. On sait déjà que ces critiques peuvent aller bien plus loin encore : les auteurs précédemment cités et critiqués ne sont pas tous des tenants de l'IA forte, loin de là, ni même des tenants de l'approche par simulation sur ordinateur.

Ce qui fait pourtant le propre de l'usage du *sophisme de l'équivalence* pour soutenir le programme de l'IA symbolique, c'est la séduction qu'il peut entraîner de par son usage inédit – et visant à impressionner – d'une certaine série de preuves formelles incontestables sur le fond. C'est une des raisons qui justifient le fait que Copeland le critique en dernier, comme une récapitulation et un dernier coup de grâce à l'encontre de toutes les interprétations fallacieuses de la TCT en philosophie.

Voici la séquence que je propose pour le plan et l'analyse du texte : 1) la thèse et l'argumentation générale de Newell : un SSP peut devenir intelligent ; 2) la première salve de critiques de Copeland : un cas de déformation de la TCT ; 3) l'argument « formel » de Newell : un cas de sophisme de l'équivalence ; 4) conclusion : la TCT énonce bien des limites, mais elles ne s'appliquent pas à toute machine ni à tout système physique possible.

À l'issue de cette analyse, nous serons à même de revenir plus précisément sur la notion de *simulation parfaite* ou d'*émulation* (celle que suppose toujours Copeland).

La thèse et l'argumentation générale de Newell

Newell avait défini la notion de SSP (Système à Symboles Physiques) dans un travail commun avec Simon [1]. Un SSP est une machine de Turing universelle physiquement réalisée : les symboles sont physiques car la machine qui les contient et les manipule appartient au monde physique et obéit à ses lois. Il s'agissait par là de montrer la valeur de l'hypothèse de l'IA symbolique : l'intelligence peut être, au moins en principe, à la fois modélisée et réalisée dans un SSP.

Dans le passage cité par Copeland, Newell précise qu'il s'agit bien d'une intelligence « générale » : il récuse ainsi l'objection classique selon laquelle les ordinateurs ne seraient aptes qu'à des tâches spécifiques. Pour lui, ce sont au contraire des machines à buts non spécifiques, généraux en ce sens (*general purpose*) [2]. C'est en tant que telles qu'elles peuvent devenir authentiquement intelligentes. Copeland ne conteste pas que de tels SSP sont, avec une bonne approximation, la réalisation d'authentiques MTU, cela même si leur bande est finie : il suffit de faire l'hypothèse que cette finitude n'entravera pas effectivement les calculs. La critique ne portera donc pas sur l'idée que les SSP seraient des machines physiques alors que les véritables MT resteraient purement abstraites. Là n'est pas le problème.

---

1. A. Newell et H. Simon, « Computer Science as Empirical Inquiry : Symbols and Search – 1975 Turing Award Lecture », *Comm. of the ACM*, 19 (3), 1976, p. 113-126.

2. Pour un tel système « dans n'importe quelle situation réelle, un comportement approprié aux fins du système et adapté à l'environnement peut apparaître, cela à l'intérieur de certaines limites de vitesse et de complexité », *ibid.*, p. 116.

Copeland voit deux temps dans l'argumentation générale de Newell qui, quant à elle, prête à critique. Il y a le moment où la prémisse est énoncée et celui de la conclusion qui en est tirée. La prémisse stipule qu'«un SSP contient toujours le potentiel d'être n'importe quel autre système s'il possède les instructions pour cela». Il s'agit pour Newell d'affirmer une certaine propriété d'universalité pour tout SSP. Si c'est bien une MT universelle, la seule contrainte résiderait dans le programme : il suffit de savoir comment la programmer. Newell en conclut qu'en principe un SSP peut devenir un système à intelligence générale. Ainsi, il suppose que l'universalité dont il est question dans le résultat de Turing (selon lequel toute MT peut être simulée parfaitement par une MTU) se transmet telle quelle aux SSP. Et il conclut que c'est la même universalité ou non-spécificité que celle qui rend capable d'intelligence *générale* les êtres humains.

La première salve de critiques de Copeland : un cas de déformation de la TCT

Copeland attaque d'abord la prémisse. Il note l'ambiguïté du terme «système» dans la phrase de Newell. Si, par ce terme, Newell entend ne désigner rien d'autre que n'importe quel SSP, alors la prémisse est vraie : elle revient à reformuler le résultat de Turing disant qu'une MTU correctement programmée peut parfaitement simuler (ou devenir) n'importe quelle autre MT. Mais si on entend désigner n'importe quel système (abstrait ou physique) pouvant suivre des règles, on a vu qu'une telle affirmation ne peut être que fausse.

Copeland concède toutefois charitablement la prémisse et montre ensuite que, même à ce compte, la conclusion de Newell ne s'ensuit pas. En effet, d'où lui vient l'idée que la notion d'universalité peut aisément se traduire pour exprimer

identiquement la caractéristique d'une intelligence dite
« générale » ? C'est là un cas typique de mésinterprétation de la
TCT : la notion de machine physique n'est aucunement formalisée par la notion de machine de Turing. Copeland fait fond
sur ses analyses précédentes : sous prétexte que l'on peut réaliser physiquement des MT, il ne faut pas pour autant assimiler
la notion de *procédure mécanique* – qui intervient en effet
dans la TCT mais dans son sens mathématique et au titre d'une
imitation restrictive d'une activité humaine de calcul elle-
même *spécifique* – à celle de *machine en général* ni même à
celle de *mécanisme physiquement réalisé*.

L'argument « formel » de Newell : un cas de sophisme
de l'équivalence

À ce niveau de l'argumentation, une stratégie de défense
particulière apparaît cependant chez Newell. Elle porte sur son
droit à traduire la notion technique d'*universalité* (apparaissant dans l'expression MTU) en termes de *généralité* (censée
valoir pour l'intelligence). Or, Copeland lui refuse ce droit.
C'est là pour lui un cas de *sophisme de l'équivalence*. Newell
rappelle la série des preuves formelles d'équivalence entre le
formalisme de Turing et ceux qui lui ont été opposés pour
formaliser la notion de procédure mécanique de calcul ou de
procédure effective. Les résultats rappelés ne sont pas faux,
bien sûr. Mais cette équivalence formelle est ensuite utilisée
fautivement comme une raison valable d'étendre la notion
technique (et locale) d'*universalité* propre à ce qui définit une
MTU à celle de *généralité* qui pourrait caractériser une machine
(physiquement réalisée ou non) à buts généraux (comme des
esprits humains, par exemple). L'erreur de Newell consiste à
croire et à faire croire que de tels résultats permettent de sortir
la TCT du champ où elle garde son sens, à savoir celui des

méthodes effectives et de leur rapport au formalisme de Turing et de Church. Tout ce que montrent ces équivalences, c'est la pertinence et la robustesse du choix initial de Turing comme aussi la plausibilité de la TCT : ce concept de MT (comme ses équivalents) semble bien permettre de formaliser sans perte et correctement la notion de méthode effective qui nous intéresse. En revanche, le fait qu'il y ait finalement un grand nombre de modèles formels équivalents pour simuler parfaitement *un aspect d'un phénomène physique particulier* (un homme qui compte pas à pas) n'apporte pas d'indices empiriques clairs en faveur de l'idée que *des processus proches ou même semblables mais différant de ce phénomène physique particulier* (un homme qui pense, un être vivant qui croît, qui perçoit, etc.) sont finalement, eux aussi, tous parfaitement simulables par le même modèle formel. Il en résulte qu'on ne peut pas se prévaloir de ces preuves d'équivalence pour en tirer la thèse selon laquelle le formalisme des MT peut capter et simuler parfaitement tout type de mécanisme qui serait mis en œuvre dans le monde physique.

Conclusion de Copeland

La conclusion de Copeland est ici à la fois locale et globale puisque sous les mots de Newell, il n'a fait que retrouver les sophismes récurrents déjà dénoncés. Copeland y réaffirme que la TCT énonce bien des limites, mais que ces limites ne s'appliquent pas à toute machine ni à tout système physique possible. Par là, on voit qu'il ne critique directement ni l'IA ni la philosophie de l'esprit fonctionnaliste. Mais il rappelle qu'en la matière l'enquête empirique demeure la règle et qu'il est bien aventureux de s'appuyer sur la TCT (même en la supposant vraie) pour développer des arguments de plausibilité *a priori*.

Émulation et simulation informatique

Ce que montre Copeland, c'est donc que si la TCT est vraie, l'informatique n'en devient pas pour autant un instrument de simulation *tout puissant parce qu'universel*. On peut cependant observer et objecter que l'informatique sert partout à simuler… Dans la première partie de cet ouvrage, j'ai proposé de penser l'informatique essentiellement comme une technologie de simulation et, par là, d'entrecroisement des voies de la référence. Il faut comprendre que la simulation dont parle Copeland n'est pas celle dont il est question dans cette caractérisation. Copeland lui-même ajoute parfois l'adjectif « parfaite »[1]. Quand il rappelle qu'une MTU peut simuler parfaitement n'importe quelle MT – peut la « devenir » écrit-il même –, il parle d'une imitation, d'une émulation, c'est-à-dire d'une génération *à l'identique*, et non d'une *simulation procédant de manière approchée, via* un chemin dénotationnel, au sens où je l'entends à partir des pratiques de symbolisation et de sous-symbolisation à l'œuvre dans nos *usages des ordinateurs* physiquement réalisées ou même dans nos *usages des formalismes* inspirés par eux.

L'article de Copeland ne peut donc aucunement servir à condamner le développement des simulations informatiques. Ce qu'il nous permet de penser, en revanche, c'est exactement ceci : les tenants de la simulation informatique du vivant, de l'esprit ou du social n'ont aucun besoin de naturaliser la thèse de Church-Turing (comme certains l'ont d'abord cru) dès lors que le rapport d'*émulation stricte* dont cette thèse parle ne s'applique pas lui-même comme modèle unique contraignant

---

1. B.J. Copeland, 2004, *op. cit.*, p. 11.

à la diversité des rapports de *sous-symbolisation* qui fondent en revanche les divers types de simulation sur ordinateur. Ainsi que le montrent bien des évolutions de toutes les sciences contemporaines, le fait qu'un phénomène vivant ou social se révèle rebelle à la *simulation parfaite par un ordinateur* (on a vu que c'est bien ainsi que Putnam la comprenait trop exclusivement) n'implique nullement qu'il soit rebelle à sa *simulation sur ordinateur*. C'est le texte de von Neumann qui a montré, quant à lui, ce qu'on gagne précisément à simuler *sur* ordinateur.

TABLES DES MATIÈRES

Imprimerie de la Manutention à Mayenne – Avril 2009 – N° 85-09
Dépôt légal : 2e trimestre 2009

Imprimé en France

DANS LA MÊME COLLECTION